El hombre de las dos patrias

Papel
El periodismo es literatura

JAVIER REVERTE

El hombre de las dos patrias

Tras las huellas de Albert Camus

Barcelona • Madrid • Bogotá • Buenos Aires • Caracas • México D.F. • Miami • Montevideo • Santiago de Chile

1.ª edición: marzo 2016

© Javier Reverte, 2016
© Ediciones B, S. A., 2016
   Consell de Cent, 425-427 - 08009 Barcelona (España)
   www.edicionesb.com

Printed in Spain
ISBN: 978-84-666-5859-1
DL B 1158-2016

Impreso por RODESA
Pol. Ind. San Miguel, parcelas E7-E8
31132 Villatuerta-Estella Navarra

Todos los derechos reservados. Bajo las sanciones establecidas en el ordenamiento jurídico, queda rigurosamente prohibida, sin autorización escrita de los titulares del *copyright*, la reproducción total o parcial de esta obra por cualquier medio o procedimiento, comprendidos la reprografía y el tratamiento informático, así como la distribución de ejemplares mediante alquiler o préstamo públicos.

A Ismet Terki, Houari y Emilio Sola

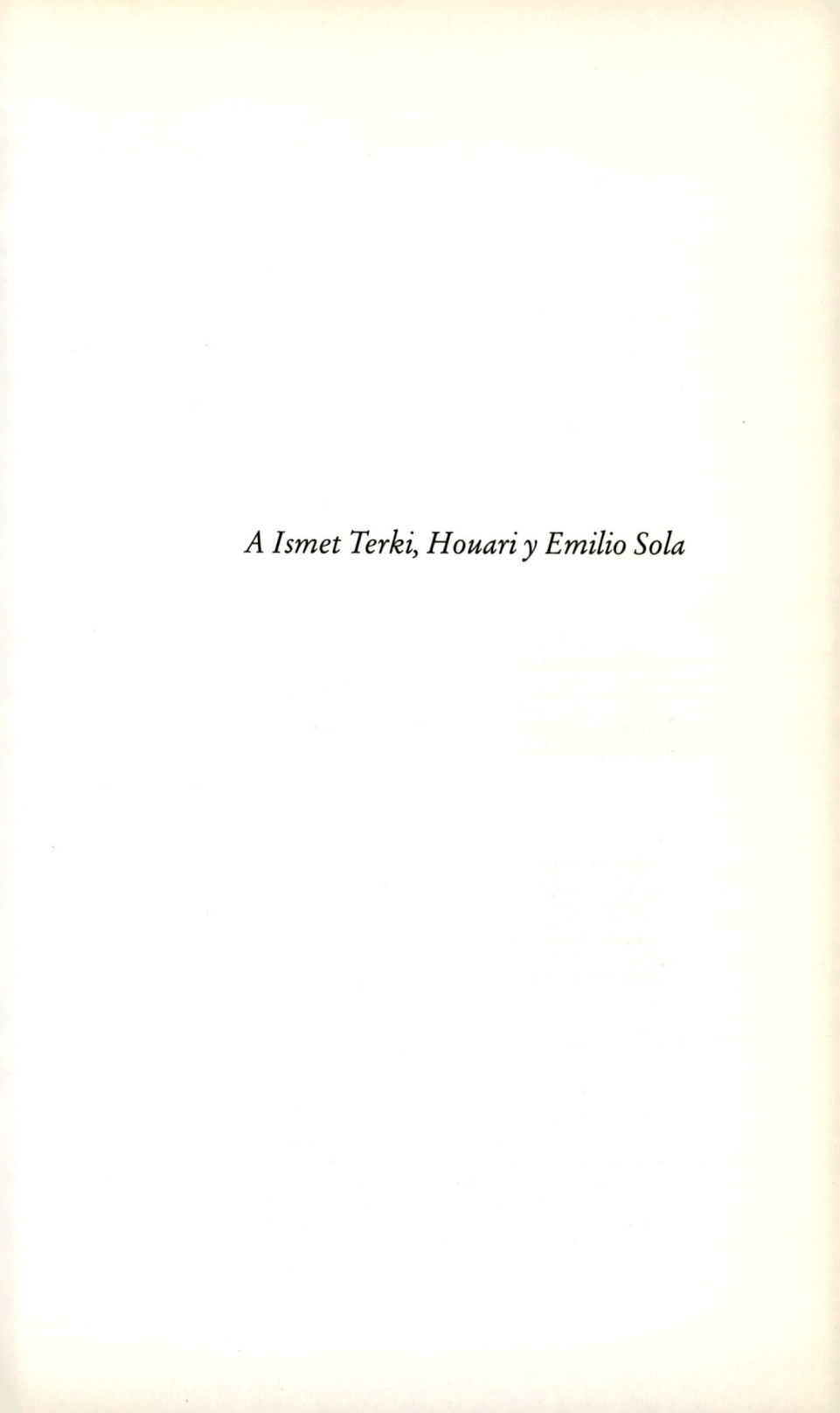

Un homme sans éthique *est une bête sauvage lâché sur le monde.*

[Un hombre sin *ética* es una bestia salvaje arrojada sobre el mundo.]

Albert Camus,
El hombre rebelde

Una brevísima explicación

Albert Camus fue uno de los escritores del siglo XX que más me emocionó y yo creo que le debía un pequeño homenaje. Así que un día de invierno, cuando iban a cumplirse los cien años de su nacimiento, decidí buscar sus huellas en Orán y en Argel, las ciudades en donde situó las tres grandes obras de las que, fundamentalmente, habla este libro: *El extranjero*, *La peste* y *El primer hombre*.

Camus era un francés, con unas gotas de sangre española, nacido en territorio argelino, un *pied-noir* crecido en un tiempo de enfrentamientos, perplejidades y en el que los hombres tenían que elegir entre vidas y opciones políticas e intelectuales contrapuestas. Él resolvió su propia lucha de la mejor manera: amando, pensando y escribiendo.

Así que este es un trabajo sobre un hombre que nació entre dos patrias, que alentó dos almas, que vivió, pensó y escribió a contracorriente y que hoy, años después de su muerte, es al fin comprendido y admirado por la mayoría de nosotros.

1

Rumbo al mal

Aquel lunes de primeros de febrero, viajando en tren desde Madrid, camino de Alicante, recorría los campos castellanos iluminados débilmente por un sol de hielo. Pero tras la parada en Albacete y, entrando ya en tierras de Levante, una niebla espesa abrazó los vagones, y las formas de los árboles y de las casas que flanqueaban las orillas de las vías parecían, al otro lado de la ventanilla, fantasmas vagabundos.

Al entrar en Alicante, sin embargo, la niebla se retiró de súbito y el sol asomó como un rey magnánimo en los altos de la ciudad, ese sol mediterráneo, cálido y veraz, que ha iluminado la senda de todas las más antiguas y sabias civilizaciones de la historia humana, y al que tanto amaba Albert Camus. «*Yo nací a medio camino entre la miseria y el sol* —escribió—. *La miseria me ha impedido creer que todo está bien en la Historia; y el sol me ha enseñado que la Historia no lo es todo.*»

Le dije al taxista que me llevara al muelle de Levante, de donde partía el transbordador a Orán.

—Sí, sí..., el ferry de los moros —respondió—. ¿Va a embarcarse? Yo creí que era solo para que viajasen ellos.

—Pues ya lo ve, tengo billete y no soy moro.

—¿Le gustan los moros? A mí, no: son vagos, falsos y traicioneros.

—¿Los conoce a todos?

—No conozco a ninguno ni quiero conocerlos. Pero sé cómo son.

Llegamos, pagué sin dejar propina y me bajé del coche.

—Que le vaya bien con esa gentuza, dijo el taxista con gesto adusto.

—Siga usted firme en sus ideas, amigo.

* * *

No recuerdo la edad que tenía cuando leí por vez primera a Albert Camus. Había publicado dos años antes de que yo naciera, en 1942, su majestuosa obra *El extranjero*. Sin embargo, este no fue el primero de sus libros que cayó en mis manos. Antes había leído *La peste* y *El hombre rebelde*. En cuanto a la novela en la que nos cuenta la peripecia de ese desdichado y extraño hombre que fue Meursault, que descubrí después de las otras dos, no me impresionó demasiado al principio. Pero en 1994, muerto ya el escritor, su hija Catherine publicó el manuscrito inacabado de *El primer hombre*. Y al leerla, mi emoción cobró tanta altura que me eché de cabeza y pasión a la lectura de toda su obra. Y fue entonces cuando comprendí *El extranjero* en toda su inmensa y rara dimensión.

Y seguí la estela de la vida del autor con toda la avidez que provoca en un lector el talento de un escritor apasionado.

Y decidí buscar los escenarios de sus mejores obras en Argelia.

Y así fue mi viaje tras las huellas de Albert Camus.

* * *

El muelle alicantino ofrecía el aspecto de un zoco magrebí en lo que estos tienen de ruidosos, multitudinarios y vitales, de negociación y chanchullo, de aromas a hierbas y a piel humana..., faltaban solo los burros, las mezquitas y los almuédanos, pero sobraba gente que te ofrecía cambio en negro de moneda argelina y algún que otro porro de grifa. Argelia empieza en los muelles de Alicante en los días en que parte el transbordador rumbo a Orán o a Argel.

Faltaban tres horas para que mi barco zarpara y, en los galpones del muelle, un par de centenares de pasajeros, hombres de vestimenta desastrada y mujeres ataviadas con largos caftanes y cubiertas con velo, se afanaban en desembarazarse de los envoltorios y cajas de los productos comprados en España que habrían de vender en Argelia: televisores, aparatos de radio, perfumes, *jeans* y, sobre todo, zapatillas deportivas. El suelo de las naves rebosaba de cajas de calzados fabricados en Elche y en Elda, de bolsas de El Corte Inglés, de Zara o de Decathlon. En un rincón, varios hombres habían tendido sus esterillas y rezaban en dirección a Oriente, hacia la lejana Meca.

En un extremo del galón había un pequeño

y cutre café; me acomodé en la barra y pedí una cerveza y un bocadillo.

—¿Y a qué va usted a Argelia? —me preguntó el camarero español.

—A verla.

—No sé qué puede tener aquello de interés.

—¿Ha ido alguna vez?

—Ni pienso ir. ¿No los ve? Son sucios, descuidados... Todo eso que llevan es de contrabando.

—Pues son mercancías muy visibles.

—Les da igual: sobornan a los aduaneros al llegar.

—¿Sabe si venden alcohol en el barco?

—Esta gente compra y vende de todo. Yo creo que le pueden vender incluso jamón, por muy musulmanes que sean. Los moros son muy tramposos.

Me alejé de la barra y me senté en una silla de enea, a comerme el bocadillo, junto a una mesa de metal que cojeaba. Un tipo de aspecto extraño se me acercó. Era flaco, pequeño de estatura, muy rojo de tez, pelo liso, rubio y recio, peinado hacia atrás y dientes irregulares y amarillos. Iba muy sucio, vestía un pantalón verde de chándal, una camisa vaquera, una corbata granate llena de manchas de grasa y unas zapatillas deportivas que alguna vez fueron blancas. Ocultaba su mirada tras unas gafas de cristales oscuros, uno de ellos cruzado por una raja transversal.

—¿Tiene un cigarrillo? —me pidió con un acento que me sonó a gaditano.

—No fumo.

Se marchó, nervioso, y le observé mientras daba vueltas de un lado a otro del almacén, entre la gente que se afanaba en vaciar las cajas y las bolsas y preparar enormes fardos de zapatos atados los unos a los otros.

Volvió al poco.

—¿Y no tiene algo de dinero? —pidió.

Le di un euro.

—¿Gaditano? —dije.

—No: inglés.

Miraba la moneda.

—Y esto, ¿cuánto vale?, ¿lo mismo que la libra?

—Algo menos.

—¿Cómo el dólar?

—Algo más.

—¿Me darán un cigarrillo por ello?

—Le darán unos cuantos si es que los venden sueltos: pregunte en el bar.

—Vale.

—¿Cómo se llama?

—Jimmy Gordon.

—¿Y qué hace aquí, Jimmy?

—Hay mucho que hacer, mucho... Son muchas cositas.

—¿Viaja en el barco?

—No. Tengo mucho que hacer aquí..., muchas cositas, muchas cositas...

Se largó.

* * *

El ferry era muy moderno, de una compañía argelina, y su nombre era *Djazair II*. Hasta unos meses antes, el viaje entre Alicante y Orán lo realizaba un decrépito transbordador de más de medio siglo de antigüedad. Pero el negocio del contrabando era próspero y la compañía argelina había cambiado la nave y vendido la antigua a una naviera egipcia, para cubrir recorridos por el canal de Suez. Puede que cualquiera de estos días aparezca en la prensa una noticia dando cuenta de que el viejo barco se ha hundido en el canal con cientos de pasajeros a bordo. Casi todos los buques precisados de desguace suelen venderse en países del Tercer Mundo, en Asia o en África o en el Lejano Oriente, y muchos de ellos naufragan: canal de Suez, los grandes lagos africanos, Filipinas, Indonesia...

El *Djazair II* podría tener unos cien metros de eslora por unos veinte o veinticinco de manga y contaba con seis cubiertas, tres de ellas para el pasaje. El viaje era muy barato y tomé un camarote doble para mí solo al precio de treinta euros, con la cena y el desayuno incluidos. Subí a bordo a las 4 y, desde la banda de babor, contemplé durante un rato el ingreso de los pasajeros por la pasarela. Hombres y mujeres ascendían trabajosamente portando maletas, enormes bolsas, fardos de zapatos atados los unos a los otros... Reparé en que no había otro europeo salvo yo.

Poco a poco, el barco se fue llenando de viajeros. A las 7, incluso los pasillos de las cubiertas rebosaban de gente tendida en el suelo y rodeada de bultos. Abundaban los niños. Calculé que viajábamos a bordo al menos medio millar de personas.

A las 7.30 retiraron la pasarela. Pero el barco no zarpó hasta casi una hora más tarde. De nuevo en la borda, contemplé Alicante mientras el buque se alejaba mar adentro. Las luces alumbraban el viejo castillo árabe, en la altura de un risco, y el paseo repleto de palmeras. Mientras, nos internábamos en las aguas mediterráneas, sobre un mar plácido, Alicante se iba quedando lejos, como una especie de miniatura encerrada en una campana luminosa.

Cené en el comedor de los «vips»: sopa de verduras y pollo con arroz, con un vino argelino de sabor algo dulzón y de consistencia espesa. Y me fui a la cama. A las 6.30 me levanté para desayunar un cruasán con té de hierbabuena. Todavía era noche cerrada y regresé a mi camarote. A las 7.30, la megafonía anunció la llegada al puerto de Orán. Salí al aire libre: amanecía sobre los muelles y la gente se agolpaba ya en las cubiertas cargando con sus bultos.

El día se fue abriendo, luminoso, sobre la dársena oranera. Tendieron la pasarela a las 8 y la gente se apresuró a bajar, empujándose unos a otros para ganar posiciones en la cola que se iba a formar ante la aduana.

Me temía que, con tantas personas delante de mí, al menos iba a tardar dos o tres horas en poder abandonar el buque. No esperaba a nadie, pero mientras descendía por la pasarela apretándome entre el gentío distinguí a dos hombres que sostenían un cartel con mi nombre. Les hice un gesto con el brazo y ellos me respondieron alzando los suyos, sonrientes.

* * *

Antes de viajar a Argelia, yo había hablado con mi viejo amigo y compañero de farras juveniles, el profesor y escritor Emilio Sola, de la Universidad de Alcalá de Henares, que vivió en Orán años antes, trabajando durante tres cursos como lector de español. Emilio es un asturiano afable y abierto que deja amigos por donde pasa. Y me puso en contacto con Ismet Terki, profesor de español en la Universidad de Orán. Nos intercambiamos algunos correos. Le hablé de mis intenciones y planes en la ciudad y él se ofreció a ayudarme y me buscó un hotel.

Y allí, sin avisarme, estaba Terki esperándome.

Para mi fortuna, le acompañaba un amigo, un hombre de unos sesenta años largos, delgado, pequeño, de negro bigote espeso, que acababa de jubilarse como funcionario de aduanas. Calculo que, gracias a él, me ahorré al menos dos o tres horas de espera en la larga cola que se había formado delante de mí. Y no tardamos ni siquiera quince minutos en realizar todos los trámites y abandonar el muelle.

Terki tenía 58 años y el pelo cano, estatura media y cuerpo fornido. Hablaba un español sin asomo de acento. Su aspecto era el de un profesor europeo desaliñado, o el de un intelectual de la *nouvelle vague*. Dos de sus hijos estudiaban en España y otros dos, más pequeños, vivían con él en Orán.

El coche de Terki era un cascajo que tosía sin pausa mientras ascendíamos la empinada cuesta que lleva al centro de la urbe desde el embarcadero. El sol lucía con violencia abrumadora.

Orán, la ciudad «*magnífica, fecunda y brutal*», como la llamó Camus, me mostró al instante sus cicatrices, su decrepitud, las heridas indelebles del tiempo. «*No se puede saber lo que es la piedra si no se ha estado en Orán* —señaló en sus *Carnets* Albert Camus—. *Es una de las ciudades más polvorientas del mundo, en donde el guijarro y la piedra son reyes. En otras partes, los cementerios árabes tienen una dulzura ya proverbial. Aquí son campos de piedras calizas cuya blancura ciega. En medio de esas osamen-*

tas de tierra, un geranio rojo, de trecho en trecho, da su sangre fresca y su vida al paisaje.»

* * *

Orán fue fundada por andalusíes granadinos en el siglo X y, desde entonces, no ha cesado de mantener una intensa relación con España —a menudo en forma de guerra— hasta los años sesenta del pasado siglo. A finales del XIV, centenares de judíos mallorquines abandonaron la isla balear, en donde eran obligados a convertirse al cristianismo, para instalarse en la ciudad magrebí, un lugar en el que, en aquellos días, todas las religiones podían practicarse libremente.

También una nueva oleada de musulmanes españoles cruzó el mar rumbo a Orán tras la caída de Granada en manos de los Reyes Católicos, en 1492, y muchos otros les siguieron cuando Isabel y Fernando decretaron la expulsión de los moriscos. A comienzos del siglo XVI, la ciudad se había convertido en una base de piratas desde donde se asaltaban los barcos españoles que navegaban el Mediterráneo, y en ella vivían centenares de cautivos españoles por los que los bucaneros exigían fuertes rescates.

El cardenal Cisneros, que en el año 1509 tenía 70 años y era regente de España junto con el rey Fernando (viudo de la reina católica Isabel), decidió ponerse al frente de una expedición de castigo y conquista de la ciudad, dejando el mando militar en manos de Pedro Navarro, conde de Oliveto, recomendado para la misión por Gonzalo Fernández de Córdoba, «el Gran Capitán». La expedición se hizo a la mar el 16 de mayo de 1509, con 84 naves y 16.000 hombres, 4.000 de ellos de caballería. Al mediodía del día 17 se produjo el desembarco y los españoles atacaron de inmediato la plaza. Tras encontrar una fuerte resistencia y sufrir numerosas pérdidas, lograron conquistarla al anochecer. A la mañana siguiente, Cisneros desembarcó en la playa, entre la multitud de soldados y cautivos ya liberados que le aclamaban, llevando la cruz de plata que los Reyes Católicos habían plantado en Granada cuando la toma de la ciudad en 1492. El cardenal tan solo permaneció cinco días en la ciudad, dejando el mando a Pedro Navarro.

Las tropas españolas extendieron su dominio hacia otros puntos de la costa sur del Mediterráneo, entre ellos el Peñón de Argel, una imponente altura que domina la capital argelina y que, en 1529, fue arrebatada a los españoles por piratas berberiscos al servicio del Imperio otomano.

España nunca logró hacerse con el dominio de Argel, en tanto que Orán fue plaza española hasta noviembre de 1708, año en el que la ganaron los turcos después de un sitio que duró 37 días. La ciudad se libró al pillaje de los vencedores y sus habitantes fueron masacrados. Los supervivientes quedaron reducidos a la esclavitud.

En junio de 1732, sin embargo, España la recuperó con una tropa de 28.000 hombres, dirigida por el conde de Montenar, quien emprendió una enorme tarea de reconstrucción, llegando a contar la ciudad con teatro, una academia de matemáticas, plaza de toros y varias iglesias. Un fortísimo terremoto asoló la ciudad en la noche del 8 al 9 de octubre 1790 y la mayor parte de sus edificios quedaron destruidos en menos de cinco minutos. De los 9.000 habitantes con que contaba Orán, murieron 3.000.

El gobernador turco de Argel, el dey Hassan, decidió conquistarla y envió una fuerza de 18.000 hombres casi inmediatamente después del fin del terremoto. Sin embargo, los defensores lograron que se retirara a finales del mismo mes. En la primavera de 1791, de nuevo atacaron los turcos y, durante todo el verano, la ciudad permaneció sitiada. Pero resistió, sobre todo debido al envío de un regimiento de guardias valones, mercenarios del rey de España, a cuyo mando estaba un bravo caballero belga de 21 años llamado Pierre Mourlant. Después de fieros combates, los sitiadores se replegaron una vez más.

Los turcos volvieron con tropas de refresco al asalto de la ciudad el 17 de septiembre. No obstante, fueron rechazados el día 18, cuando ya solo quedaban para defender la plaza 670 hombres y 70 piezas de artillería ligera. Mourlant había recibido nueve heridas, pero seguía al frente de sus tropas.

Pero con una España sumida en una profunda crisis política bajo el reinado de Carlos IV, la defensa de la plaza se hacía ya imposible y, finalmente, a finales de septiembre en 1791, Carlos IV firmó un tratado con el dey de Argel por el que abandonaría Orán a cambio de concesiones comerciales y de una fuerte compensación económica. El 4 de marzo de 1792, una flota española embarcaba a toda la población y la guarnición hispanas para repatriarlas, y los turcos entraban en un Orán vacío de gentes.

La relación de la ciudad con España no terminó entonces. A partir de 1831, cuando comenzó la colonización francesa del país, miles de españoles fueron a trabajar a territorio argelino como braceros, la mayor parte de ellos en el occidente del país, lo que se conoce como la Oranía. La población de Orán en 1840 era muy diversa: vivían allí 500 árabes, 3.500 judíos, 700 españoles y 1.500 europeos de diversas nacionalidades. Pero medio siglo después, en la Oranía, había ya 100.000 colonos españoles por 90.000 franceses. No obstante, a partir de 1900, la emigración de la península ibérica se dirigió preferentemente a América y los españoles de la región descendieron en número: eran ya solo 90.000 frente a 190.000 franceses.

Al concluir la guerra civil española, numerosos españoles huyeron a Orán. No escapaban del hambre, sino del fascismo, y muchos de ellos se quedaron en el país. Hasta casi finales del siglo XX existió una oficina del PCE español en la ciudad y el último secretario general comunista se llamaba, curiosamente, Felipe González. En el curso de la Segunda Guerra Mundial, cientos de españoles que vivían en Argelia se unieron al ejército de la Francia Libre de De Gaulle y participaron, en primera línea, en la liberación de París bajo el mando del general Lecrerc.

De nuevo, en los años cincuenta del pasado siglo, se reactivó la emigración de mano de obra española a Argelia y muchos braceros cruzaban el Mediterráneo para trabajar como temporeros en las grandes fincas francesas durante la época de la recolección. Del puerto almeriense de Garrucha, por ejemplo, zarpaba cada año un barco llamado el «Oranero». Y se cuenta que, en esos días, las prostitutas más apreciadas de la ciudad eran las españolas, la mayoría llegadas de pueblos levantinos y una buena parte de ellas venidas del pueblo murciano de Yecla. En Orán, en aquella época, se hablaba tanto el español como el francés.

En los años de la sangrienta guerra de la independencia argelina, librada entre 1954 y 1962, muchos españoles simpatizaron con la causa de la Argelia libre, sobre todo los exiliados de la Guerra Civil. Se cuenta que, a menudo, cuando los guerrilleros árabes apresaban a un colono francés —se les degollaba de inmediato— era frecuente que estos trataran de librarse de la muerte diciendo que era español. Los guerrilleros le decían entonces: «¿*Sí? Pues di ahora mismo perro.*» Si la doble erre sonaba a ge, el preso podía comenzar a rezar lo que supiera.

Orán huele a España, sobre todo a Andalucía y a Levante. Los oraneses aman los geranios y los claveles, y muchas de las viejas casas tienen frescos patios llenos de macetas, al estilo de Córdoba.

Un romance de Góngora recuerda el pasado español de la ciudad.

> *Servía en Orán al rey*
> *un español con dos lanzas*
> *y con el alma y la vida*
> *a una gallarda africana...*

* * *

El hotel se encontraba en la parte nueva del centro de la ciudad y era tan modesto como limpio. Y sobre todo, muy barato: 20 euros por noche. Se llamaba Le Timgad y los muebles del vestíbulo resultaban bastante *kitsch*. Había una jaula en donde cantaba un jilguero y una pecera con una carpa moribunda, de buen tamaño y de color naranja, que clavaba la boca en el fondo del recipiente mientras movía la cola con un meneo agonizante. El recepcionista me saludó ceremonioso y cortés; y me dejó saber que era el dueño del hotel.

Terki tenía que impartir dos clases esa mañana y se despidió hasta la tarde. Era temprano aún y decidí dar un primer paseo por el casco viejo de Orán. Suelo hacer lo mismo casi siempre que llego a una ciudad que no conozco: salgo a la calle y me dejo llevar hacia los lugares a los que se dirige la gente. Por lo general, acabo en la plaza principal o en un mercado. Me siento en cualquier café y observo a los viandantes. Y en poco menos de una hora, ya sé si la ciudad me gusta o me produce una sensación de rechazo. Orán me gustó.

Y eso que, en aquella parte de la ciudad vieja, la urbe se mostraba casi en ruinas, abandonada, achacosa, con numerosas casas medio desmoronadas, olor a basuras y llena de gatos, el animal que más odio junto con la paloma. La plaza central se llamaba «1 de Noviembre», en recuerdo de la sublevación de 1954, el día en que se produjeron los primeros atentados contra las instalaciones e instituciones francesas en el país al comienzo de la guerra de la independencia. Me senté en un banco, junto a un cuartel cuyas puertas permanecían cerradas y en las que montaba guardia un solitario soldado armado con un subfusil. Delante de la caserna, había un viejo cañón soviético de aquellos que se conocían como «Órgano de Stalin»; también, un antiguo lanzamisiles, la torreta giratoria de un tanque con su cañón, pintada de camuflaje; y un pequeño avión reactor de caza. Una suerte de museo de la guerra al aire libre, en suma.

En los bancos se sentaban a conversar numerosos ancianos ataviados con caftanes, cruzaban la plaza mujeres con velos, cargadas con pesadas bolsas, y varios fotógrafos ambulantes recorrían la explanada sin lograr clientela. Frente al cuartel, se alzaba el antiguo palacio de la ópera, ahora clausurado, y varios vagabundos ocupaban las regias escalinatas. En el lado norte de la plaza crecían ficus grandullones y, a su sombra, se sentaban a fumar jóvenes ociosos, puede que chavales en paro. De los balcones de edificios de estilo parisino colgaba ropa tendida al sol. Antiguos coches de desastradas carrocerías cruzaban la plaza dejando un rastro de humaredas y olores a gasolina quemada. Palomas zuritas volaban el espacioso cielo mediterráneo. El sol brillaba como un lamparón en el mediodía oranés.

No sé bien por qué, pero me invadía una cierta pena esa primera mañana en Orán..., una suerte de nostalgia de algo impreciso. Puede que la causa fuera que la ciudad me recordaba, lejanamente, a la decrépita España de los años cincuenta, la de la triste y miserable posguerra.

* * *

Caminé de regreso al centro moderno. Tenía un pequeño mapa de la ciudad y no me fue difícil dar con la Rue Larbi-Ben-M'Hisi, que se llamaba D'Arzew en los días de la colonia francesa. Se encontraba en una zona construida para albergar gentes de clase media francesa durante los años cuarenta o cincuenta, un lugar muy agradable para vivir. El número 67, en el que residió Camus durante su estancia en Orán, era un edificio con soportales. A un lado había una tienda de tejidos y una óptica y, más allá, una joyería de expresivo nombre: La Perla Oranesa.

Me asomé al vestíbulo del edificio. Los techos eran altos y los peldaños de la escalera de mármol. Una sólida balaustrada de hierro pintada de negro acompañaba la subida. La casa no tenía ascensor. Varias telarañas cubrían el contador general de la luz y en los buzones del correo tan solo figuraban los nombres de seis vecinos. Olía a fritura de cebolla.

Volví a la calle para hacer unas fotos a la fachada. Un grupo de chicos jóvenes se colocaron a mi lado. Querían retratarse conmigo. Me rodearon haciendo la uve de la victoria con los dedos y uno de ellos tomó mi cámara y tiró una fotografía.

Paseé por las estrechas calles del mercado: frutas, pan, verduras, aceitunas, pescados muy frescos de la bahía oranesa y cabezas cortadas de cabras y corderos... Hacía fotos y muchos vendedores me pedían que les retratara. Argelia, recién salida del llamado «decenio negro», llevaba más de una década sin recibir turistas.

Comí un estupendo lenguado a la plancha en un restaurante baratísimo, La Comete, con camareros vestidos con chaqueta blanca y el cuello de la camisa engalanado con pajarita negra. El vino era de Mascara, la mejor región argelina de crianza de caldos. Después me fui a echar una siesta.

* * *

Albert Camus había nacido en noviembre de 1913 en las cercanías de Mondovi, al este de Argelia, hijo del matrimonio entre Lucien Camus y Catherine Sintès, dos argelinos *pieds-noirs*, esto es: colonos de origen europeo, la mayoría franceses que conservaban la nacionalidad gala. Cuando finalizó el dominio francés en 1962, estos colonos constituían una población de más de un millón de personas.

En 1914, muchos *pieds-noirs* fueron llamados a filas para engrosar el ejército galo durante la Gran Guerra, y entre ellos estaba el padre de Camus. Murió poco después, en la batalla del Marne, y la madre, junto con su abuela (española, nacida en Menorca) y sus dos hijos (Albert tenía un hermano mayor, Lucien), se trasladó a vivir a Belcourt, un barrio proletario de Argel. Ya hablaré de la infancia del escritor más despacio en otro capítulo de este viaje. En su libro póstumo, *El primer hombre*, escribía sobre su progenitor: «*Cuando le movilizaron, mi padre* nunca había visto Francia. La vio y lo mataron. Es lo que una humilde familia como la mía le dio a Francia.»

La primera vez que Albert Camus viajó a Orán debió de ser en 1939, mientras trabajaba ocasionalmente como periodista en Argel, después de haber visitado París en 1937. Pero cuando se separó de su primera mujer, Simone Hié, y contrajo matrimonio en junio de 1940 con Francine Faure, una chica de Orán, decidió instalarse en la ciudad de su nueva esposa. Era el mes de enero de 1941. Y comenzó de inmediato a escribir *La peste*.

Residían en la Rue D'Arzew, en el número 67, al lado de un piso que habitaban la madre de Francine y una de sus hermanas. Apenas tenían dinero y comían muy mal. El parado Albert Camus se dedicó a recorrer la ciudad, a conocerla, a fisgar en sus rincones. Y aprendió a amarla y a detestarla al mismo tiempo. Fue en el curso de su estancia en la ciudad cuando, a partir de un suceso ocurrido un domingo en la playa de Bouseville, decidió dejar para más adelante la continuación de *La peste* y concentrarse en una novela comenzada en 1939, a la que había titulado en principio como *Un hom-*

bre feliz y que terminaría llamando *El extranjero*.

Camus entraba y salía de Orán. Incluso viajó a Francia en más de una ocasión. Al fin, decidió abandonar la ciudad en agosto de 1942 y se instaló en París a finales de ese mismo año.

De los oraneses decía que los devoraba un Minotauro. «*No hay lugar* —escribe en los *Carnets*— *que los oraneses no hayan mancillado con alguna horrible construcción que podría deshonrar cualquier paisaje. Es una ciudad que da la espalda al mar y se edifica alrededor de sí misma a la manera de los caracoles. Al principio rodamos por ese laberinto buscando el mar como signo de Ariadna. Pero giramos por esas calles feas y sin gracia y, al final, el Minotauro devora a los oraneses: es el tedio.*»

Sin embargo, añadía: «*¿Qué hace que uno se apegue y se interese por algo que no tiene nada que ofrecer? ¿Cuáles son las seducciones de ese vacío, de esa fealdad, de ese tedio bajo un cielo implacable y magnífico?*»

Orán se mostraba ante Camus como una ciudad muy distinta de Argel: era más española que francesa y a la gente le gustaba pasear y sentarse en los cafés cercanos a los soportales de

D'Arzaw hasta bien entrada la madrugada. Hoy, todavía, los argelinos consideran a Orán la ciudad más noctámbula y jaranera del país.

Y era para el escritor, en sus *Carnets*, una ciudad menos rígida en sus hábitos y formalidades. «*Ciudad extravagante, donde las tiendas de zapatos exponen horribles modelos de escayola de pies torturados, donde los artículos de broma están junto a los billeteros tricolores de los escaparates, donde todavía pueden encontrarse extraordinarios cafés de mostradores barnizados de mugre y espolvoreados de patas y alas de moscas, donde te sirven en vasos desportillados... Ciudad sin par y fácil con su desfile de muchachas imperfectas y conmovedoras, de rostro sin maquillaje, incapaces de interpretar la emoción, simulando tan mal la coquetería que su astucia queda inmediatamente al descubierto...*»

En *La peste* la describiría así: «*El cambio de las estaciones solo se puede notar en el cielo. La primavera se anuncia únicamente por la calidad del aire o por los cestos de flores que traen a vender los muchachos de los alrededores, una primavera que venden en los mercados. Durante el verano el sol abrasa las casas resecas y cubre los muros con una ceniza gris; se llega a no poder vivir más que a la sombra de las persianas cerradas. En otoño, en cambio, un diluvio de barro. Los días buenos solo llegan en invierno.»*

Y añadía: *«Esta ciudad, sin nada pintoresco, sin vegetación y sin alma, acaba por servir de reposo y, al fin, se adormece uno en ella. Pero es justo añadir que ha sido injertada en un paisaje sin igual, en medio de una meseta desnuda, rodeada de colinas luminosas, ante una bahía de trazo perfecto.»*

* * *

Terki apareció a primera hora de la tarde a buscarme con quien iba a ser mi compañero de viaje los siguientes días: Houari, un personaje singular del que debo contar un poco su historia.

Houari, que rondaría los cincuenta y pocos años aunque aparentaba muchos menos, era un hombre nacido y crecido en una familia muy pobre y sin estudios. Cuando Emilio Sola trabajó en Orán como lector de español, en los años setenta del pasado siglo, en cierto modo lo prohijó. Y se lo llevó con él de regreso a España para que intentara abrirse camino haciendo algún curso de formación profesional. También lo paseó por Asturias, su tierra natal, durante las vacaciones del verano. Pero Houari no prosperó y tiempo después regresó a Orán, en donde ahora se ganaba la vida de mala manera. Vivía con su mujer y varios hijos en un suburbio miserable de la ciudad y, en cierto modo, Terki se había convertido en su nuevo protector.

Houari quería poner un pequeño comercio en su barrio y Emilio me había dado 500 euros para que se los llevara y ayudarle con ellos a arrancar su negocio. Además, me había pedido que le tomase como guía para que se ganara unos pocos euros más. Y allí estaba Houari, dispuesto a convertirse en mi leal escudero.

Era alto, enjuto, moreno de tez, hirsutos cabellos negros, cejas espesas y ojos redondos y saltones. Vestía unos pantalones vaqueros ajados y una vieja chaqueta de cuero negro. Chapurreaba apenas el francés y lo mezclaba a veces con palabras de español. Fumaba sin parar un tabaco de horroroso aroma. Le di los 500 euros de Sola y se los guardó en el bolsillo sin mirarlos.

Al tratarlo, resultaba un tipo dulce y amable, sencillo y afectuoso; pero su aspecto provocaba pavor. Supe que, sin duda, yendo con él como guardaespaldas, nadie se atrevería a hacerme ningún daño.

A bordo del quejumbroso coche de Terki salimos los tres a las afueras de Orán. Yo quería ir a la playa de Bouiseville, en donde se produjo el incidente que inspiró a Camus *El extranjero* —aunque luego situó la novela en Argel—, pero antes de eso Terki quería mostrarme su ciudad desde el cerro en donde se alzan los restos del fuerte español de Santa Cruz y la vieja capilla del mismo nombre, aún intacta.

Era una vista imponente la que se extendía al pie de la colina. Próximo el atardecer, el sol reinaba soberbio en los altos del cielo, mientras el mar se tenía a nuestra izquierda como una gran bandeja azulada, cruzada aquí y allá por los livianos hilos blanquecinos de las corrientes. Las laderas del cerro brillaban cubiertas de un verde rutilante.

Camus escribió, en sus *Carnets*, a propósito del lugar: «*Dulzura del mundo sobre la bahía, al atardecer. Hay días en que el mundo miente, hay días en que dice la verdad. Esta tarde dice la verdad. Y con cuánta insistencia y triste belleza.*»

Houari me tocó el hombro y señaló el verdor de las colinas:

—*Comme* Asturias —dijo.

Y se arrancó a cantar:

—«Asturias, entera, está de borrachera...»

—Emilio, claro —le dije.

—*Oui*..., Emilio —contestó sonriente.

Cerca del castillo se alzaba un «morabo», la tumba del santón Abdelkáder, una suerte de pequeño templo pintado de refulgente cal blanca. Dentro, había gente rezando y, de vez en cuando, se oía el brioso ulular de las mujeres.

—En la «década negra» no se podía subir aquí —me explicó Terki—. Corrías el riesgo de que los terroristas te degollaran.

—¿Hay muchos «morabos» en Argelia?

—Muchísimos. Y resulta extraño, porque según el Corán no hay santos que puedan interponerse entre Dios y los hombres. Pero la gente los busca, parece necesitar de ellos, sobre todo las mujeres.

Descendimos y seguimos la carretera de la *corniche*, camino de Bouiseville. Terki me señaló las ruinas de otro fuerte:

—Es la fortaleza de Mers El-Kebir, el lugar en donde desembarcaron los españoles de Pedro Navarro en 1509. Los oraneses no guardamos un gran recuerdo de aquella gesta, ya imaginas por qué.

—Desde luego.

Navarro saqueó Orán tras rendir a la tropa que la defendía, quemó dos bibliotecas que almacenaban valiosos textos muy antiguos y mató a más de 4.000 de sus habitantes, entre ellos numerosos judíos. Una guarnición permanente de soldados españoles se instaló en la ciudad y los cañones que la protegían se fundieron para hacer, con su acero, las campanas de la iglesia de San Ildefonso, de Alcalá de Henares. Pedro Navarro se ganó en Orán el apodo de «Roncal el Salteador»: había nacido en una pequeña localidad del valle navarro del Roncal.

* * *

Bouiseville fue una playa elegante en los años de la colonización francesa, un lugar exclusivo para franceses ricos, en la costa del oeste de Orán, no muy lejos de la ciudad. Ahora ofrecía un paisaje desolador.

Las casas que se alineaban en las cercanías de la playa estaban en su mayoría deshabitadas y muchas habían sido abandonadas antes de que su construcción terminara. Desde el malecón que discurría junto a las viviendas, un par de escalinatas con sus peldaños rotos descendían a la arena. Las aguas fecales corrían desde las casas hacia el mar y el olor resultaba insufrible. La arena era de color marrón y aparecía llena de desechos: entre otros, encontré el cadáver de una rata. Bouiseville era un basurero nauseabundo.

Enfrente, rugía el mar vivo, ruidoso y sucio, con el aroma de las letrinas cabalgando el aire. Quizás el retrato de tal destrozo le hubiera parecido a Camus tan desolador como su descripción de aquel día en la playa narrado en *El extranjero*.

—Bueno..., aquí tienes tu Bouiseville —me dijo Terki.

—No os gusta Camus a los argelinos... —señalé.

—Siempre fue ambiguo. Sartre y otros apostaron por una Argelia libre, pero él nunca dijo nada claro. Y en todos sus libros, jamás aparecemos con nuestros nombres, sino como «los árabes». No podemos sentirlo como uno de los nuestros.

—Era un gran escritor, en todo caso... —añadí.

—Eso lo dices tú, Javier —sonrió irónico—. Yo solo soy un «árabe».

* * *

Camus sitúa en una playa de Argel el crimen de Meursault en *El extranjero*, probablemente en la del Arsenal, adonde iba a bañarse cuando era un muchacho y hoy desaparecida por la expansión de las instalaciones portuarias. Pero el incidente que le inspiró la novela se produjo en la playa oranesa de Bouiseville. Ignoro la razón por la que el escritor cambió el escenario de su narración. Sus dos grandes biógrafos, Olivier Todd y Herbert Lottman, no aclaran por qué.

Camus se había integrado a una pandilla de jóvenes de los dos sexos cuya cabeza más visible era su amigo Pierre Galindo y, un domingo por la mañana, todo el grupo se desplazó hacia la playa en el viejo automóvil de Galindo y en varias bicicletas.

Entre otros, iban los hermanos Bensoussan, Edgar y Raoul. Este último había tenido recientemente una pelea con dos árabes de la que no había salido muy bien parado. Mientras los demás se bañaban y jugaban al fútbol, Raoul distinguió a los dos árabes en la playa y se dirigió a su hermano Edgar: «*Vamos, hay que dar una paliza a esos dos.*» Al acercarse, Raoul señaló a uno: «*El de la izquierda es el mío, tú ocúpate del otro.*»

Edgar se arrojó de inmediato hacia su rival y lo tumbó de un puñetazo en la sien. Raoul derribó al otro con una llave, se sentó sobre él y comenzó a estrangularle. Y de pronto oyó gritar desde lejos a Galindo: «*¡Cuidado, tiene un cuchillo!*»

A Raoul no le dio tiempo de reaccionar. Dos cuchilladas del árabe le hirieron en la comisura de un labio y en un antebrazo. Raoul se levantó: sangraba. El árabe se levantó a su vez y, sin cesar de mostrar el cuchillo a los hermanos, ayudó a ponerse en pie a su compañero y juntos escaparon.

Las heridas de Raoul no eran graves, y un médico que se encontraba en la playa las desinfectó con alcohol y las vendó. Pero Raoul quería vengarse: tomó un pequeño revólver del 6,35 y partió de nuevo, por la tarde, en busca de los dos árabes, acompañado esta vez por Pierre Galindo, quien le instaba a no usar el arma. Raoul le tranquilizó: la utilizaría solo para disuadir al otro de atacar con el cuchillo. Y pelearía a puñetazos con los dos, uno tras otro.

El asunto terminó en nada. Encontraron a los árabes junto a unas rocas. Y Raoul les gritó que vinieran hacia él, de uno en uno, «si eran hombres». Los árabes escaparon. Y Raoul ni siquiera sacó el revólver del bolsillo.

La policía llegó poco después y logró arrestar a los árabes una hora más tarde. Pero Raoul se negó a denunciarlos.

* * *

A Camus, aquel suceso le dejó muy impresionado. Vio en el incidente un tinte de primitivismo incomprensible, un fogonazo de violencia salvaje, la raíz del enigma de la violencia humana, la locura que desata el sol..., en fin: el absurdo de la existencia que puede conducir al crimen. Y construyó una historia deslumbrante por su calidad literaria, el relato de un asesinato sin sentido que remite a todo lo que tiene de incoherente la naturaleza humana: *El extranjero*.

En la novela, Raoul se llama Raimundo y su hermano Edgar no es tal, sino un amigo, Masson. Hay un tercer hombre que les acompaña, Meursault. Caminan por la playa. Todo el relato, en primera persona, está en la voz de Meursault.

«El sol caía a plomo sobre la arena y el resplandor en el mar era insoportable.»

Encuentra a los árabes junto a un manantial, luchan y Raimundo es herido con al cuchillo, tal como sucede en la historia real de Bouiseville. Los árabes huyen. Raimundo es curado por un médico, sus heridas no son nada, y vuelve a la playa, llevando un revólver en el bolsillo. Meursault le sigue. Alcanzan unas rocas por las que corre un manantial hacia el mar y encuentran de nuevo a los árabes.

«Caminamos mucho tiempo por la playa. El sol era ahora abrasador. Se rompía en pedazos sobre la arena y sobre el mar.»

Raimundo y Meursault charlan sobre la forma de luchar, y el primero le pasa el revólver al segundo, mientras reta al árabe a la pelea, sin armas. Y entonces los árabes huyen y Raimundo y Meursault desandan su camino. Pero al rato, Meursault, ya solo, decide volver a caminar por la playa.

«*Persistía el mismo resplandor rojo. Sobre la arena el mar jadeaba con la respiración rápida y ahogada de las olas pequeñas. Caminaba lentamente hacia las rocas y sentía que la frente se me hinchaba bajo el sol... Pensaba en el fresco manantial que nacía detrás de la roca. Tenía deseos de oír de nuevo el murmullo del agua... Pero cuando estaba muy cerca vi que el individuo de Raimundo había vuelto.*»

El árabe se incorpora un poco y mete su mano en el bolsillo. Meursault aprieta la culata del revólver en el suyo. Les separan unos diez metros.

«*Pensé que bastaba dar media vuelta y todo habría concluido... Pero toda una playa, vibrante de sol, se apretaba detrás de mí.*»

Meursault da unos pasos y el árabe muestra el cuchillo.

«*La luz se inyectó en el acero y era como una larga hoja centelleante que me alcanzara en la frente... Entonces todo vaciló. Me pareció que el cielo se abría en toda su extensión para dejar que lloviera fuego.*»

Meursault dispara y el árabe muere al instante.

«*Comprendí que había destruido el equilibrio del día... Entonces, tiré cuatro veces sobre* el cuerpo inerte en el que las balas se hundían sin que se notara. Y eran como cuatro breves golpes que dieran en la puerta de la desgracia.»

La luz, el calor, el mar, la muerte, la irracionalidad del crimen, el absurdo del comportamiento humano..., aquella frase de Macbeth que tanto le gustaba citar a Camus: «*La vida es una historia contada por un necio, llena de ruido y furia, que nada significa.*»

En una carta a una amiga, Camus había escrito meses antes de publicarse su novela: «Sobre estas playas de Oranía, todas las mañanas de estío parecen ser las primeras del mundo.»

Aquella, la de su gran novela, parecía ser la última.

Camus nos emociona. Pero siempre fue un escritor misterioso: como lo son todos los grandes. Quizá porque nunca alcanzaron a entenderse bien a sí mismos.

¿Quién impulsó a Meursault a matar?
Tal vez tan solo el sol.

* * *

Quedaban un par de horas de luz del día cuando regresamos a Orán.

—Quiero darte una sorpresa española —me dijo Terki.

No era otra cosa que la antigua plaza de toros, alzada al comienzo del siglo XX. Era una sólida construcción de sillería, con piedra oscura, enclavada en un barrio popular de la ciudad.

—Los toros llegaban desde España por barco —me informó Terki— y hubo una revista taurina editada en Orán hasta los años cincuenta del siglo pasado. Lo que ya no sé es quiénes torearon aquí, porque mi cultura acerca de las corridas de toros es nula.

Sobre las puertas de entrada que se abrían alrededor de los muros aún se leían las palabras «sol» y «sombra» y había taquillas de venta de entradas cerradas con pequeños postigos de color rojizo.

Entramos. Unos chavales jugaban al fútbol en el ruedo: habían colocado dos rústicas porterías enfrentadas, al pie de los tendidos.

—Debe de ser el único campo de fútbol redondo de todo el mundo —dijo Terki.

No existían ni el callejón ni las barreras de madera y los asientos de las gradas eran de cemento. Terki pareció leerme el pensamiento:

—Toda la madera se la ha llevado la gente para sus chimeneas de invierno.

—¿Cuándo terminaron las corridas en Orán?

—No lo sé bien, imagino que después de la independencia. Yo no llegué a ver ninguna: los árabes vivíamos en un mundo aparte al de los colonos.

* * *

Terminamos la jornada, caída ya la noche, yendo a beber cervezas en un local cercano a la Rue D'Arzew, en donde vivió Camus. El bar de llamaba Titanic y me pareció que, salvo Terki y yo, todos los parroquianos fumaban allí dentro, acometidos por una ansiedad desesperada, como si cada cigarrillo fuera el último de sus vidas.

Houari estaba feliz y parecía conocer a casi toda la clientela. Al poco de llegar, llamó a un amigo y lo sentó junto a nosotros. Se llamaba Nuri, era chapista y hablaba un poco de español, que mezclaba con el francés para tratar de agradarme.

Me dijo que amaba a España y que le gustaría saber más español. Había trabajado dos temporadas en Lérida, en la recogida de la fruta. Rio:

—Muchas veces, cuando los españoles me preguntaban mi nombre y yo les contestaba que Nuri, me decían: «¿Es que eres maricón?»

* * *

La mañana siguiente, miércoles, seguía luciendo el sol con vigor. Me levanté temprano, bajé a desayunar y, al pasar por recepción para dejar la llave de mi cuarto, reparé en que había tres peceras, en lugar de una, y que la del pez moribundo del día anterior estaba vacía. Los nuevos inquilinos de los otros dos recipientes eran numerosos pececillos de vivo color naranja que se movían nerviosos en el agua.

—¿Murió el grande? —pregunté al hostelero señalando la pecera deshabitada.

Asintió:

—Está en la barriga del gato.

Y apuntó con el dedo a un minino blanco, rollizo y mofletudo, que dormitaba sobre un cojín de color rojo en un rincón del vestíbulo.

El jilguero cantaba alegre en su pajarera. Y había otras dos jaulas nuevas: una ocupada por un canario y otra por un viejo papagayo.

—Ya veo que cada día se incorporan nuevos vecinos.

Sonrió:

—¿Quiere ver una cosa? Venga.

Abandonó el mostrador y me condujo a un amplio cuarto trasero. Dentro, había una veintena de jaulas con cotorras, loros, cacatúas, papagayos, jilgueros y canarios. En un rincón, había una gran bañera en la que nadaba un nutrido banco de pequeñas carpas naranjas.

—Cada día hago el relevo de los pájaros, eso despierta el interés de los clientes del hotel; y voy sustituyendo a los peces muertos por otros nuevos para no dar mala impresión a los huéspedes. ¿No ha visto lo gordo que está el gato?

Miró a su alrededor con gesto ufano:

—Bueno, ¿qué le parece?

—Solo le faltan un avestruz y unas pocas pirañas.

Rio:

—Pues me ha dado usted buenas ideas.

* * *

Yo había acordado con Terki, en nuestro intercambio de correos, que ofrecería una charla a sus alumnos de literatura española de la universidad. Y allí, en una gran aula, me esperaban medio centenar de jóvenes, a los que se habían unido algunos docentes de español. Les hablé de Cervantes y el *Quijote* y los chicos escucharon muy atentos y, al abrirse el coloquio, me frieron a preguntas.

Terki había preparado un refrigerio para mí y los otros profesores y charlé con varios de ellos, por lo general gente muy curiosa sobre todo lo que atañía a España. Fatma, catedrática de filología hispánica, una mujer de mediana edad que hablaba un perfecto español, me habló de Orán.

—Usted la ve sucia, con barrios miserables, edificios rotos y muchas casas abandonadas. Pero si la camina, si la observa con detenimiento, irá olvidando su aspecto y penetrando en su alma: un alma muy vieja y muy española.

Luego añadió:

—Dígale a Terki que le lleve al barrio español: hoy se llama Sidi El Houari, por un santón que tiene allí un «morabo». Y no deje de visitar un cementerio del siglo XIX que hay en el barrio: se abrió para enterrar a las víctimas de una gran epidemia de cólera. Ya no entierran a nadie allí y hay gente que vive entre las tumbas. Le llaman el cementerio español y a mí me recuerda el libro de Cadalso *Noches lúgubres*, por lo que tiene de siniestro. Además, yo creo que Camus se inspiró en aquella terrible epidemia para escribir *La peste*, su novela de Orán.

—Camus no es muy querido en Argelia...

—Para él, los árabes, como nos llamaba en sus libros, no existíamos. Y en consecuencia, él no existe para nosotros.

* * *

Desde que en 1830 se inició la ocupación francesa de Argelia, miles de emigrantes europeos llegaron al territorio para colonizarlo: italianos, españoles y, naturalmente, franceses. Por lo general, eran gentes de baja extracción social y la mayoría trabajaban en el campo o como obreros en las fábricas de las grandes ciudades. Salvo en algunos barrios proletarios de los grandes núcleos urbanos como Argel y Orán, apenas se mezclaban con los que se conocían como «indígenas», esto es: la población musulmana, de origen bereber en su mayor parte.

Pronto, a los emigrantes europeos nacidos

en Argelia se les conoció como *pieds-noirs* (pies negros), se dice que por el hecho de que calzaban zapatos, en lugar de babuchas o alpargatas. Los nativos no tenían tampoco relación con los desdeñosos funcionarios de alto nivel llegados de la metrópoli, a quienes se conocía como *francaouis*. En su libro *El verano*, Camus describe así a sus compatriotas: «*Los franceses de Argelia son una raza bastarda, hecha de mezclas imprevistas. Españoles, alsacianos, italianos, malteses..., judíos y griegos se han encontrado allí. Estos cruces brutales han dado, como en América, buenos resultados.*»

Cuando Argelia alcanzó la independencia en 1962, los *pieds-noirs* sumaban una población de un millón doscientas mil personas que emigraron masivamente. En Francia fueron tratados con enorme desdén, aunque al final cerca de un millón logró reubicarse en el país del que era oriundo. Del resto, alrededor de 30.000 se instalaron en Alicante. Resulta curioso que, a poco de proclamarse la independencia, el gobierno del FLN decretó, entre sus primeras medidas, la prohibición del oficio de limpiabotas.

Un *pied-noir* era a la postre un ser extraño para los árabes y un extraño para los franceses de la metrópoli. En cierto modo, un hombre sin patria: alguien que era de Argelia y de alguna manera no era argelino, ni del todo colono ni del todo colonizado..., un extranjero, como el Meursault de la novela camusiana.

Camus era un *pied-noir* de segunda generación y creció en un barrio proletario de Argel habitado mayoritariamente por *pieds-noirs*: el barrio de Belcourt. Nunca hizo amistades, que se sepa, con «indígenas». Y en todos sus libros, tan solo aparece el nombre de un «árabe», como los llama siempre.

Extraño en un hombre que nunca fue racista y siempre se manifestó como un escritor solidario.

* * *

Terki me llevó a Sidi El Houari. Descendimos por la calle de Benamara Bouthil, el antiguo barrio de putas de la ciudad, y cruzamos junto a numerosos antiguos hotelillos cutres que, imagino, se utilizaban antaño para los encuentros entre las prostitutas y sus clientes. Uno de ellos, cómo no, se llamaba hotel París. Tengo la impresión de que en la mayoría de las ciudades del mundo hay al menos un hotel París, otro Roma y un tercero Inglaterra.

Las calles bajaban empinadas entre solares, basureros, casas desmoronadas y otras deshabitadas..., aquello parecía el Berlín de la Segunda Guerra Mundial tras un bombardeo. El día se había tornado grisáceo. Alcanzamos la Puerta de Canastel y entramos en Sidi El Houari a través de la Rampa de Madrid, una leve cuesta que se abría camino entre los restos de una antigua muralla. Más allá, había un pobre mercado en el que los carritos tirados por burros servían de mostradores. Llegaban sin cesar más y más borriquillos, muy peludos, cargados con patatas y verduras. También se vendía pescado y anoté el precio de los boquerones: el equivalente a 60 céntimos de euro por kilo. Todo el suelo del zoco aparecía cubierto por restos de comida podrida y maloliente.

Sidi El Houari ofrecía un aspecto miserable, con sus casas rotas y gente muy pobre vagando en las calles, algunas de las cuales mostraban viejos carteles con sus nombres, casi todos de ciudades hispanas. ¿Era esa «el alma muy vieja y muy española» de Orán de que me habló Fatma?

—Ya veo que por aquí se han respetado los nombres españoles de las calles —le dije a Terki.

—En Orán se ama a España, lo contrario de lo que sucede con Francia. La mayoría de los nombres franceses de las calles y los barrios fueron borrados tras la independencia y sustituidos por árabes. Pero se dejaron algunos, los que celebraban a escritores o artistas, como el barrio de Victor Hugo. De todas maneras, la gente ya lo conoce con otro nombre: «Terugo»... *«on va à Terugo?»*, dicen.

Subimos a lo alto de la barriada. Y allí, junto al hospital, se alzaba la catedral de San Luis, un templo abandonado que durante un siglo latió como corazón católico de Orán.

El edificio no era de piedra, sino de cemento. La puerta principal estaba abierta y entramos en el desolado lugar. La iglesia la formaban tres naves de las que no quedaba en pie más que una de ellas, con columnas de arco de medio punto y la balaustrada del desaparecido coro. Aún sobrevivían algunos adornos de estuco en la bóveda y las dos escaleras laterales que ascendían al coro carecían de las columnas que debieran sostenerlas, con lo cual eran dos escaleras colgando en el vacío. No había cristaleras en las ventanas y entraban y salían palomas sin cesar. Algunas habían hecho allí sus nidos y, en el interior del templo, resonaba sin cesar el zureo de las aves. No quedaban bancos ni existían confesionarios y todo el suelo estaba cubierto de excrementos de pájaro.

Dentro vivían cuatro familias de «okupas», repartidas en los extremos de las naves, que habían construido sus miserables hogares con restos de puertas y de bancos y con cartonajes. La mayor de las viviendas estaba en el lugar que ocupó antaño el altar. El dueño asomó cuando nos oyó hablar. Era un hombre jovial, amable, delgado, de unos cincuenta años, que se presentó como Mohamed Bekir. Vestía un viejo chándal y fumaba sin cesar.

Nos dijo que era el guardián de la catedral y que la «Wilaya» (el municipio) le pagaba treinta euros al mes por sus servicios. Tenía cuatro hijos y en ocasiones hacía trabajos como pintor de brocha gorda.

—Tengo solicitada una vivienda municipal desde hace veinte años —dijo—. Y no sé si alguna vez me la concederán. Mientras tanto, me dejan vivir aquí con mi familia. Pero no me dan ningún documento que lo acredite; de modo que, si a algún funcionario le da por echarme, carezco de pruebas para defenderme.

No puso ninguna objeción a dejarnos entrar

en su hogar. Las separaciones entre las dependencias, dos dormitorios y la sala principal, estaban hechas con maderas arrancadas del antiguo templo y con gruesos cortinajes. En el salón había una pequeña cocina de butano, y la vivienda se proveía de luz mediante un cable que salía al exterior por un hueco del techo, para birlar energía del tendido general. En aquella suerte de salita había también un televisor pequeño y antiguo, un colchón en el suelo cubierto de mantas y un viejo sofá.

—Aquí dormimos mi esposa y yo. Los otros cuartos son para mis hijos, los tres chicos ocupan uno y la chica el otro.

Reparé en algo realmente curioso: en un extremo de la estancia, el hombre había colocado un confesionario de madera, en cuyo interior tan solo había un gran orinal.

—¿Y eso? —preguntó Terki divertido.

Bekir se encogió de hombros.

—La *toilette* está afuera del templo. Así que, si llueve, hay que buscar otra solución...

Miró alrededor:

—Esto es mejor que otros lugares. Hay gente que vive en cuevas en los alrededores de Orán. Y barrios donde no llega la luz eléctrica.

Señaló hacia lo alto: varias lonas cerraban a modo de techumbre la mísera vivienda.

—El problema nos viene de arriba. Los adornos de la cúpula se desmoronan y las palomas cagan sin cesar. Si no nos protegiéramos, tendríamos las cabezas rotas y todo el cuerpo lleno de mierda.

Le pregunté por el resto de las familias.

—Nos llevamos bien y nos ayudamos entre nosotros. Ahora todos los demás están fuera, buscando ganar algo de dinero. De las cuatro familias, la mía es la más rica... Bueno, digamos, mejor, la menos pobre.

* * *

Seguimos en busca del cementerio del que me había hablado Fatma. Preguntando, logramos enterarnos de que se encontraba en un barrio vecino a Sidi El Houari, otra antigua barriada española conocida como Les Planteurs. Y allí, en una altura del terreno de donde sobresalía un cercado de piedra gris, dimos con el sitio. Había una puerta y, al lado, una inscripción reciente: «*Cimetière des Concessions. Premier cimetière d'Oran, dit des Cholériques (1834-1849). Anté-*

rieurement cimetière catholique des Espagnols.»
El camposanto era una extensa explanada en la cima del pequeño otero, cubierta en buena parte de hierba y ortigas. Crecían allí algunas higueras y también un enorme cedro del Líbano.

Entramos y, al poco, se acercó a nuestro encuentro un tipo de mediana edad, moreno y fornido, que llevaba en brazos a una niña de un par de años y al que seguía un niño de unos ocho armado con un tirachinas. Terki le habló en francés y el otro hizo un gesto de incomprensión. Charlaron en árabe y Terki me tradujo.

El hombre se llamaba Mohamed Bouacan y era el guardia del cementerio, un empleo que heredó de su padre y por el que recibía un pequeño salario de la «Wilaya» oranesa (el ayuntamiento oranés). Se había construido una vivienda en un panteón de piedra, el más lujoso del lugar.

—Dice que es mejor vivir encima de los muertos que estar muerto debajo de los vivos —me tradujo Terki riendo.

Muchas de las lápidas de las tumbas habían desaparecido y tan solo quedaban las marcas rectangulares de los sepulcros. En unas pocas, sin embargo, podían leerse los nombres de los sepultados, casi todos fallecidos entre 1841 y 1842, los años más mortíferos de la epidemia.

Anoté los apellidos de algunos: Durán, Castel, Bellón y una monja trinitaria de nombre María Eugenia.

*   *   *

«Una novela no es más que una filosofía puesta en imágenes», escribió en cierta ocasión Camus. Supongo que algunos escritores estarían de acuerdo con ello, como Melville y Conrad, por ejemplo; mientras que otros, como Proust y Stendhal, no pensarían igual. A menudo, la literatura de Camus tiene para mí más rasgos anglosajones que franceses.

Y en el ánimo del escritor franco-argelino siempre latió ese intento de convertir, en cierto modo, su literatura en parábola, alegorías sobre el absurdo, sobre el mal, sobre el asesinato, sobre la muerte, sobre la condición humana... Así era en *El extranjero*, publicada en 1942, y así iba a ser en *La peste*, de 1947. Si la primera era una fábula sobre la banalidad del crimen, sobre el absurdo del mal, la segunda propondrá la necesidad de rebelarse contra el absurdo y contra el mal. En sus *Carnets* señala Camus: «*Cada vez que he leído una historia de peste, en el fondo de mi corazón envenenado por sus propias rebeldías y por las equivocaciones de los otros, se ha elevado un grito inequívoco, diciendo que a pesar de todo hay en el hombre más cosas admirables que dignas de desprecio.*»

Sobre los principales protagonistas de *La peste*, escribe Pierre-Louis Rey, uno de los muchos biógrafos de Camus: «*Dos figuras emergen del combate: Tarrou, agnóstico, que se interroga sobre la posibilidad de ser un santo sin Dios, y Rieux, cuya ambición, más difícil, se limita a cumplir con su deber de hombre... La fábula de* La peste *sugiere que la lucha contra las fuerzas del mal trata de preservar la dignidad humana antes que preparar un porvenir radiante... Al pesimismo político enfrenta un equilibrio frágil fundado en la capacidad del hombre para rebelarse.*»

Dice Camus de su personaje el doctor Rieux, infatigable médico en el Orán asolado por la peste: «*Creía estar en el camino de la verdad luchando contra la creación tal como es.*» Y pone en la voz de Rieux esta frase: «*Simplemente, no me acostumbro a ver morir.*»

El gran diálogo de la novela entre los dos protagonistas se produce en casa del médico durante un atardecer en plena epidemia. Dice Tarrou a Rieux:

—*Las victorias de usted serán siempre provisionales.*
—*Siempre, ya lo sé, pero eso no es una razón para dejar de luchar.*
—*Me imagino, entonces, lo que debe de ser una peste para usted.*
—*Una interminable derrota.*
—*¿Quién le ha enseñado a usted todo eso, doctor?*
—*La miseria.*

¿Y por qué eligió Camus como escenario Orán? Tal vez, como sostiene su biógrafo Herbert Lottman, había encontrado en una epidemia de tifus que asoló la Oranía, en abril de 1941, el modelo para crear su parábola sobre la guerra, la ocupación y la «infección» nazi, pues Camus consideraba el totalitarismo como una terrible enfermedad, una epidemia. Y también se había documentado copiosamente sobre epidemias de peste padecidas antaño en la ciudad de Orán.

O quién sabe si la respuesta está en sus *Carnets*: «*Se escriben libros sobre Florencia y Atenas. Estas ciudades han formado tantos espíritus europeos que forzosamente tienen que tener sentido. Conservan elementos con que exaltar y enternecer. Calman el hambre del alma cuyo alimento es el recuerdo. Pero a nadie se le ocurriría escribir sobre una ciudad donde nada solicita al espíritu, donde la fealdad no tiene límites, donde el pasado queda reducido a nada. Y, sin embargo, esa idea es a veces tentadora.*»

* * *

Bajamos andando hasta la antigua judería. Basuras, ruinas, mal olor... Nos sentamos a tomar un té en un cafetín y, al oírnos hablar español, un hombre muy viejo que se sentaba en un velador vecino del nuestro, vestido con caftán de color café y la cabeza cubierta por un turbante blanco, intervino en nuestra conversación:

—Ah, ah, españoles, españoles..., yo tenía muchos amigos españoles *avant la guerre* y se fueron.

Su español era torpe, pero la pronunciación sonaba correcta.

—Alicante. Alicante... estoy en Alicante... ¿o se dice fui a Alicante?

—Estuve.

—Alicante, palabra mora —dijo.

—Al·lacant, según creo —respondí—: por el nombre de un monte que domina la bahía: Benacantil.

—¡No!, ¡no! —negó moviendo la cabeza, enérgico, y dando golpes en el suelo con su bastón—. ¡No sabe usted nada!... Una vez un moro que se llamaba Alí estuvo allí y cantaba bien. Y los españoles dicen: «Ali canta». Y por eso Alicante..., por «Alí canta».

Seguimos nuestro recorrido oranés por el llamado Front de Mer, una suerte de paseo abierto en una larga cornisa, ornada de palmeras, sobre la orilla del Mediterráneo, que se extendía majestuoso y calmo hacia la invisible costa española. Era una zona de caserones viejos con aire de suntuosas mansiones venidas a menos. Reparé en que todos los números eran pares: 34, 36, 38, 40...

—¿Y los impares?

Mi amigo sonrió.

—Dice Fatma, la mujer que has conocido antes en la universidad, que los impares están en el malecón de Cartagena. Y en medio, se encuentra esa ancha calle que ves: el mar. No sé si será cierto, pero la idea es poética.

* * *

Terki insisitió en llevarme a un pequeño pueblo en las afueras de Orán, Cristel, una aldea de pescadores alzada en la falda de la montaña y arrimada al mar, un lugar en el que vivían muchos españoles antes de la independencia. A mí me pareció que carecía de interés y, como casi todo en la región de Orán, ofrecía un feo espectáculo de ruinas y basuras. Pero la sinuosa y desierta carretera que corría el camino entre la ciudad y el pueblo resultaba imponente: acantilados abisales, erizados farallones y crestones de roca negra surgiendo del mar, montañas cubiertas de ralos cipreses y pinos torturados y algunas zonas muy boscosas.

—Este lugar lo llaman Bosque de los Leones —me dijo Terki señalando una espesa y extensa arboleda—. Creo que tiene ese nombre porque aquí habitaba el león del Atlas, una especie de felino muy grande y de melena negra, una fiera autóctona del Magreb. En Argelia se extinguió a finales del siglo XIX. Creo que en el Atlas marroquí sobrevivió un ejemplar hasta los años cuarenta del siglo pasado.

Regresamos al atardecer. La tierra cobraba un color cárdeno y refulgía bajo un tímido verdor, los cipreses se oscurecían como seres tenebrosos y el mar mostraba un tono parecido al vino tinto, como en los versos homéricos. Cuando entramos en Orán ya era de noche y Terki me llevó a una suerte de «pub» de aire muy *kitsch*, de nombre Sevilla, con abanicos desplegados en las paredes y todo tipo de adornos de plástico de los que se compran en España en las tiendas chinas. De una pared colgaban fotos de algunos toreros y un cartel que anunciaba una corrida de la Feria de Elda.

En la megafonía sonaba un canto rotundo de ritmos orientales en la voz de un hombre.

—¿Lo conoces?

—No.

—Es *rai*, una música oriunda de Orán. Ha sido, durante la «década negra», una música de resistencia al fundamentalismo.

—¿Cantautores?

—Más o menos. Pero aquí los mataban y los mejores tuvieron que emigrar a Francia. *Rai* quiere decir algo así como «mi razón» o «mi opinión» y sus letras son heterodoxas y provocadoras, de reivindicación social y política. Los islamistas las consideraban impías y los militares obscenas. Cuatro de los cantantes de *rai* fueron asesinados por los fundamentalistas entre 1994 y 1996: Cheb Hasni, Rachid Baba, Cheb Aziz y una mujer, Lili Amara, a la que degollaron en una ceremonia de aire ritual, delante de su marido... Asi era Argelia hasta hace muy poco. Ese que canta es Cheb Kaled, que vive en París. El *rai* es una especie de canto de libertad para la sociedad civil argelina. Y en sus letras se usa mucho el argot oranés.

Charlamos de la «década negra» mientras comíamos caracoles muy picantes regados con cerveza Amstel.

* * *

La Historia no ha sido generosa ni caritativa con los argelinos. Segregados por los franceses —incluso por numerosos proletarios *piedsnoirs*—, pasaron con la independencia a depender de un sistema totalitario de signo socialista orquestado por el FLN (Frente de Liberación

Nacional) y controlado por el ejército. Un país rico en petróleo, minería y agricultura como es Argelia hubo de contemplar, atónito e inerme, cómo los dirigentes de la Argelia independiente se enriquecían con total impunidad, merced a un sistema de partido único y corrupto como pocos se han visto en el siglo XX. El *rai* fue un grito de protesta contra todo ello y la respuesta de las autoridades no fue otra que intentar erradicarlo. Pero no lo lograron y el *rai* sigue siendo uno de los movimientos culturales más vivos e irreductibles del pueblo argelino, aunque la mayor parte de sus representantes vivan en el exilio en Francia.

Los fracasos de los sucesivos gobiernos del FLN y el ejército, el hundimiento de la economía y la miseria en que vivía una buena parte de la población, forzaron a la élite política a abrir un proceso democrático, a aceptar el multipartidismo y a convocar elecciones generales. Y en diciembre de 1991, en los primeros comicios de la historia del país, los fundamentalistas del FIS (Frente Islámico de Salvación) arrasaron en las urnas en la ronda inicial. Las esferas del poder argelino —el ejército y el FLN—, además de algunas cancillerías europeas, temblaron ante lo que se avecinaba. Y el gobierno saliente decidió suspender la segunda ronda electoral, ilegalizó el FIS y encarceló a miles de sus militantes, entre ellos a sus principales dirigentes.

Los islamistas formaron varios grupos guerrilleros, los principales el MIA (Movimiento Islámico Armado) y el GIA (Grupo Islámico Armado). Al principio actuaron conjuntamente contra el ejército y la policía, sus principales objetivos, pero pronto se produjeron hondas disensiones entre ambos y acabaron manteniendo también enfrentamientos armados entre ellos. A mediados de la década de los noventa, comenzaron las matanzas de civiles, en su mayoría perpetradas por el GIA en lugares en donde prevalecía el apoyo al MIA. También se acusó al ejército de llevar a cabo este tipo de sangrientas acciones y tratar de atribuirlas a los islamistas. Entre 1994 y 1997, las masacres se llevaron por delante la vida de los habitantes de pueblos enteros, en donde las mujeres eran violadas antes de ser asesinadas y los niños eran degollados.

Una de las zonas más castigadas por este tipo de ataques fueron las aldeas de las montañas de la Kabilia, en el norte argelino, donde la mayoría de la población es bereber y nunca ha mostrado afección al islamismo radical. Los kabileños alientan un fuerte sentimiento independentista y han sido atacados por el gobierno y por los grupos integristas islámicos. Sus principales dirigentes son músicos y escritores, como Matoub Lounès, asesinado en 1998, no se sabe bien si por el GIA o por la policía gubernamental. Sus reivindicaciones principales son el reconocimiento del uso de su lengua y sus leyes tradicionales. En 1939, Albert Camus, trabajando como reportero para el periódico *Alger Républicain*, una publicación de signo izquierdista radical, realizó una serie de reportajes sobre la Kabilia en los que denunció la injusticia y la miseria que reinaban en la región.

En 1999 ascendió al poder Abdelaziz Bouteflika y decretó una amnistía para los terroristas encarcelados a cambio de su «arrepentimiento». El GIA se fragmentó y sus últimas partidas fueron atrapadas o liquidadas en el año 2002.

Entre los años 1992 y 2002, se calcula que murieron violentamente cerca de 200.000 personas, en su mayoría civiles. Las guerrillas islamistas mataban también a los extranjeros que residían en el país o a los viajeros occidentales que se acercaban a Argelia. En el mismo periodo fueron asesinados más de 70 periodistas.

Esos años de sangre y fuego son conocidos en el país como «la década negra».

* * *

Tenía deseos de ir a Tlemecén, una antigua ciudad situada a menos de 200 kilómetros al oeste de Orán, algo apartada del mar. Terki, que tenía que dar clases ese día, me dejó en manos de Houari. Quedar en manos de Houari era casi como encomendarse a la fortuna con los ojos cerrados, porque él lo hacía casi todo a su aire, improvisando la mayor parte de las veces. Era una especie de hippy a la argelina, un alma ingenua, bondadosa y confiada, con cara de asesino a sueldo.

Decidió alquilar un coche. Y naturalmente se lo arrendó a un amigo, Laid, que además haría de conductor. El precio no estaba nada mal: el equivalente a 30 euros, gasolina aparte y pagando yo la comida. El automóvil era un viejo Hyundai con dos rajas que cruzaban el parabrisas y polvo de una década. Un agrio tufo a tabaco de veinte años se agarraba a los asientos, pertinaz como una garrapata. Además, Laid y Houari no dejaron de fumar en todo el viaje.

Los dos amigos me vinieron a recoger al hotel a las 9.30. Dejamos atrás el centro y tomamos una larga calle, medio avenida y medio carretera, de asfalto torturado, rodeada de barriadas miserables. Como todas las ciudades grandes del Tercer Mundo Orán parecía no terminar nunca. Cruzábamos junto a grandes edificios de viviendas a medio construir, algunos con ventanas todavía sin cristales, ropas tendidas en los balcones que flameaban como banderolas azotadas por el viento, cientos de antenas parabólicas... Y el caos del tráfico: los tísicos turismos mezclados con los carraspeantes autobuses y los carros tirados por burritos y mulas, algún rebaño de cabras que atravesaba la calzada con el disco en rojo mientras el pastor agitaba el cayado sobre su cabeza amenazando a los automóviles, nadie que respetara ninguna norma..., si es que las había. La mayoría de los vehículos eran camiones cargados de sacos de patatas y verduras. Y el polvo del desierto danzaba en tolvaneras sobre la batahola de coches.

Casi en cada rotonda o cruce de carreteras había un control de policía. Pero no estaban allí para penalizar las infracciones del tráfico, sino en tareas de vigilancia antiterrorista, todos los agentes provistos de cascos, chalecos antibalas y pesados fusiles de asalto.

Laid hablaba un buen francés. Al cruzar junto a un control, me dijo:

—Los camiones llevan cientos de bolsas de patatas de veinte kilos y, en muchas de ellas, transportan hachís. Los policías no pueden parar a todos los camiones para dedicarse a abrirlas. Y no tienen perros entrenados para encontrar la droga con el olfato. Y, además, el porro no parece ser algo que preocupe mucho en Argelia...

Dejamos atrás la ciudad: tierras pedregosas, ocasionales huertecillos, olivares, espaciosas plantaciones de cereal, viejas casas rodeadas de viñedos agostados que pudieran ser bodegas abandonadas, la línea difusa de una cordillera al fondo... Y de súbito, a la izquierda de la carretera, el luminoso azul de una extensa laguna, en cuya superficie revoloteaban centenares de flamencos. Era el Grand Sebkha de Orán, un enorme lago salado que en verano se seca por completo y que, durante el invierno, acoge miles de bandadas de aves migratorias. Refulgía como una joya deslumbrante sobre los duros lomos de piel leonada de la tierra.

Después, poblachos con desangelados edificios de pisos erguidos sobre hormigón, a veces pintados de color siena o rosa: el retrato de un desarrollo fracasado y estéril. Pueblos largos, gentes que tomaban el sol con indolencia en los cafetines o simplemente se sentaban en el suelo arrimadas a una pared que les procuraba sombra. Los minaretes se alzaban sobre las casas bajas del centro de las aldeas, acogiendo los nidos de las cigüeñas. A veces, en los campos, crecían lozanos almendros en flor, en las faldas de las colinas brillaban los frutos de los naranjos con frutos, sobre los mantos verdeantes de los cereales punteaban miles de minúsculas flores amarillas y la inocente alegría del mundo parecía sonreírnos por unos instantes.

En el pueblo de Remchi la carretera se fracturaba en dos ramales: uno seguía hacia el oeste, hasta la frontera con Marruecos, y el otro descendía hacia el sur, hasta la vecina Tlemecén. Había un enorme tráfico de vehículos y de gente en la zona.

Era próximo el mediodía y nos detuvimos a tomar una cerveza. Houari parloteaba en su jerga particular, intentando explicarme el significado del trasiego que nos rodeaba: decenas de camiones yendo de un lado a otro, carros con burros, numerosos tipos a pie cargando sacos, policías, polvareda... Por fortuna, Laid se explicaba mejor y podía traducir lo que trataba de contarme Houari:

—La frontera con Marruecos lleva muchos años cerrada, por razones políticas. Pero eso no significa que la gente no pase. Esto es una zona de contrabando y a los policías argelinos y marroquíes se les compra con facilidad. De Argelia a Marruecos pasan bombonas de gas, gasolina y algunos productos baratos como el azúcar. Y de Marruecos a Argelia, toneladas de hachís y también muchos productos occidentales que son difíciles de encontrar en Orán y Argel.

Houari asentía ufano, largaba un nuevo parlamento en árabe y Laid me explicaba:

—También pasan ilegalmente albañiles marroquíes, que son muy buenos artesanos en la decoración con estuco. Se quedan a vivir dos o tres meses en Tlemecén o en Orán, en las casas de los ricos, muy bien pagados y a pensión completa, mientras terminan sus trabajos. Y luego se vuelven a Marruecos.

*La casa de Orán en donde vivió Albert Camus
cuando era periodista en la ciudad.*

*Houari, en una calle de Argel,
con un paseante.*

Argel: blanca y azul.

Antigua plaza española de toros, en Orán. Hoy un campo de fútbol, el único del mundo en forma redonda.

Escaleras de la Casbah de Argel.

*Ventana de la calle Belouizdad,
en el barrio de Belcourt de Argel.*

Un café en el viejo Orán.

Mercado de la Casbah de Argel.

Callejón de la Casbah de Argel.

*El actual director del Instituto Aumerat de Argel,
Monsieur Mamut Gueramta, en donde Albert Camus aprendió a leer.*

Okupas del llamado «cementerio español» de Orán.

Familia de okupas de la catedral católica de Saint Louis, de Orán, hoy abandonada.

Houari y Terki en la playa de Bouiseville, de Orán, en la que se inspiró Camus como marco del crimen para su novela de El extranjero.

Casbah de Argel.

Catedral católica de Saint Louis en Orán.

Okupas del «cementerio español» de Orán.

Mercado de la Casbah.

El portal, hoy, de la primera casa que habitó Camus en Argel, con poco más de un año de edad.

*El autor y Terki en la playa de Bouiseville,
en donde se concibió* El extranjero.

Lycée Bugeaud.

Fotografías de Javier Reverte.

Me acordé de muchas fronteras de muchos lugares del mundo: tan contrarias a la naturaleza.

Seguimos camino hacia el sur y a eso de las 12.30 estábamos en Tlemecén.

* * *

Tlemecén es una ciudad de aire muy español, o mejor: andaluz. Desde la caída de Granada en manos de los Reyes Católicos, fueron llegando a ella oleadas de refugiados moriscos. Su música, hoy todavía, tiene muchas similitudes con el flamenco andalusí y se conoce con el nombre de *garnati*. También emigraron a Tlemecén numerosos judíos de origen sefardí, pero la mayoría fueron expulsados en 1962, tras la independencia, acusados de colaborar con el poder colonial francés.

Los españoles conquistaron Tlemecén después de ganar Orán, en 1510. Pero en 1518, el pirata Aruch Barbarroja la ocupó y saqueó. Al poco, el marqués de Comares atacó a Barbarroja, que huyó por el río Salado. No fue muy lejos: a los pocos días, los españoles lo capturaron y decapitaron. El verdugo fue un asturiano llamado García de Tineo. En 1553, los turcos la rindieron e incorporaron a su imperio del norte de África.

La más hermosa pieza arquitectónica de Tlemecén es una esbelta torre de la ciudad vieja, hoy abandonada y situada a unos pocos kilómetros del centro de la urbe actual: la torre de Mansourah. Es una torre hermana de la Giralda sevillana y la Kutubia de Marrakech.

Y Tlemecén, si olvidásemos los atavíos musulmanes, bien podría ser una población del sur español de los años cincuenta o sesenta: mercadillo al aire libre, olores a especias y hierbas aromáticas, flores, cafés, quioscos, borricos, cabras, gallinas... y pósteres de los equipos del Barça o el Real Madrid. Un barecillo de la plaza de Argel, en el barrio de la Kissaria, escondido entre las decenas de puestos del mercado lucía el nombre de «Andaluss».

Almorzamos una sopa *harira* y salchichas picantes de cordero, los *merguez*, en un pequeño restaurante llamado Castillana. Pagué nueve euros por los tres menús y unos zumos. Mis compañeros de mesa no cesaban de eructar. Y tras cada sonoro regüeldo, lanzaban la misma exclamación:

—*Abdulah!*

Ignoro por qué.

Regresamos tras la comida y me dormí un rato tendido sobre el asiento trasero del coche. En la duermevela oía los imponentes eructos con aroma de salchicha que me regalaban con generosidad mis dos compañeros de viaje, mezclados con sus clamorosos *abdulahs*.

* * *

Laid nos dejó en Sidi Bachir, el arrabal miserable en donde vivía Houari, a las afueras de Orán. El barrio lo habitaban unas sesenta mil personas, casi todas en chabolas alzadas con bloques de adobe y tejados de uralita. Abundaban las antenas parabólicas y grandes cables de luz, sujetos por postes de madera, formaban sobre la barriada una suerte de trama de lianas. Las calles carecían de asfalto y un vigoroso olor a letrina inundaba el aire. En Sidi Bachir vivían escondidos, durante la «década negra», los principales dirigentes del GIA. Y ahora seguía siendo un lugar de fuerte implantación integrista.

Fuimos a la chabola de Houari. El interior era oscuro y la habitación principal, con las paredes enfoscadas de cemento, hacía las veces de sala y de cocina. Había un hornillo de butano, un gran televisor encendido y de los muros colgaban sartenes, ollas y cazos, junto a una estantería repleta de platos y vasos.

La familia de Houari estaba al completo en esa hora de la caída de la tarde. La mujer, Fatiha, era bella y alegre, y los hijos —Mohamed, de 18 años; la única chica, Asma, de 17, y dos pequeños, Tusam, de 12, y Mal, de 3—, eran todos muy agraciados.

La mujer preparó té. Al poco, llegó Terki, que venía a buscarme para llevarme de regreso a Orán.

—Dile a Houari que tiene unos hijos muy guapos, le pedí a Terki.

Todos rieron.

La niña resultaba muy dulce y hablaba bien francés. Me dijo que le gustaría estudiar.

Houari movió la cabeza hacia los lados. Ella le miró:

—Pero mi padre no quiere que estudie porque en este barrio hay muchos islamistas y no lo verían bien.

—¿Y tú qué opinas de eso? —le pregunté.

Se encogió de hombros:

—*Maktub* —respondió.
—¿Qué significa? —pregunté a Terki.
—El destino.

Asma me regaló un perfume antes de irme. Y Houari quedó en recogerme en mi hotel al día siguiente, temprano, para tomar el tren que nos llevaría a Argel.

Regresé con Terki en coche, muerto ya el día. Era una noche lúgubre, sin luna, y apenas había luces a nuestro alrededor y un muy escaso tráfico.

—Esto no podíamos hacerlo en los años de la guerra —me dijo Terki—. En cualquier momento te paraban los fundamentalistas, a veces con uniformes robados a la policía, y te degollaban. O te detenían los policías vestidos de islamistas y también te degollaban.

—Las guerras civiles son las peores —dije.

—Mi generación ha vivido siempre sobre la tragedia —siguió—. Yo nací en el 48 y, en mi infancia y adolescencia, viví la guerra de la independencia: el miedo, los atentados terroristas de mis compatriotas, el furor de los paracaidistas franceses, la represión, la tortura... Conocí a chicos solo un poco mayores que yo que fueron torturados o que murieron en combate. Y a otros que ponían bombas en las que morían niños. Y luego llegaron al poder los del FLN y, con ellos, la dictadura y la corrupción, la persecución a los comunistas, las purgas políticas, los desaparecidos... Después, los años negros, el terrorismo de nuevo, el degüello de pueblos enteros, el miedo otra vez... Mi vida entera ha transcurrido en los territorios del miedo. Por eso quiero que mis hijos crezcan en España, allí no sufrirán lo que yo he sufrido. Sois un país con suerte.

Asentí.

—Tienes razón, la mía es una generación con suerte —respondí—: somos la primera, en toda la historia española, que no ha vivido una guerra. Pero si miras para atrás..., sospecho que España ostenta el récord mundial de guerras; y con toda seguridad, el de guerras civiles. Yo recuerdo el miedo de mis mayores, Terki..., era como el tuyo.

Cenamos algo en el Sevilla.

—*Maktub*... —repetí la palabra de Asma—. Me parece dramático que Houari no deje estudiar a su hija por prejuicios vecinales. Es una chica inteligente y dulce. ¿No puedes hacer nada?

—Intento convencerle una y otra vez. Y no hay manera: Houari es muy buen hombre, pero muy cerrado de mollera. No obstante, voy a seguir intentándolo. Emilio también le presiona cuando viene a Orán.

Terki era un gran tipo. Sentí que nos rodeaba una sensación de melancolía la última noche oranesa. Y recordé en ese instante, no sé bien por qué, una extraña expresión que utiliza Camus en *El extranjero,* ya finalizando el libro: «... *la tierna indiferencia del mundo».*

Pero no dije nada a mi amigo: Camus no era de los suyos.

Dejé a Terki y nos abrazamos en la despedida: prefería regresar caminando al hotel. Cuando llegué a la puerta, un niño flaco, de unos 12 años de edad, me abordó y me pidió limosna. Le di un puñado de billetes.

Y pensé que, mientras haya un niño pidiendo en las calles de una ciudad, ningún gobierno de cualquier país será legítimo.

2

Rumbo a la luz

Houari apareció en mi hotel a eso de las 9.30. Nuestro tren a Argel salía tres horas después y desayunamos juntos, sin prisas. Houari se comió de dos bocados una tortilla y pidió una segunda al camarero.

Mi intención era pasar al menos cinco o seis días en la capital argelina, y mi guía y escolta no traía equipaje, ni siquiera una simple bolsa. Se lo hice notar. Sonrió.

—Mejor viaje *les mains vides* —respondió.

Me pregunté cuánto tardaría en comenzar a apestar. Y lo cierto es que, en los días siguientes, no despidió ninguna clase de olor. Quizá la suciedad de años había creado en su piel una suerte de pátina que impedía la salida de efluvios de su cuerpo.

El día era gris, feo, de cielo cochino y nubes desdichadas. Houari me pidió dinero para comprar billetes de primera clase. Pero yo le indiqué que los sacara en segunda. Me miró con asombro. Creo que, durante los días que estuvimos juntos en Argel, no logró entender por qué un español con dinero, en un país tan barato como el suyo, se empeñaba en viajar en decrépitos autobuses y trenes polvorientos, en comer en restaurantes populares donde los gatos rondaban a su antojo y zumbaban las moscas, y en residir en pensiones de media estrella. El asunto le dejaba aún más perplejo sabiendo que, como habíamos acordado, iba a pagarle todos los gastos del viaje más 200 euros por sus servicios, una pequeña fortuna en su tierra. Pagué el equivalente a 7 euros por cada billete.

Nos dirigimos a nuestro vagón. Houari me lanzó una terrorífica mirada y me arrebató la bolsa de viaje y la mochila, sin darme opción a protestar. Ya no era solo mi guía y guardaespaldas, sino también mi porteador: tres servicios por el precio de uno.

La estación tenía un aspecto cochambroso,

con paredes precisadas de una buena mano de pintura y con techos que aparentaban estar a punto del derrumbe. El tren salió en punto, a la hora anunciada, sin un solo segundo de retraso.

Los vagones eran muy antiguos, quizá del tiempo de la colonia. El nuestro, formado por dos filas de asientos forrados de plástico azul, a los lados del pasillo, y con dos plazas cada uno, no iba lleno. Frente a nosotros se sentaba un ciego con su lazarillo. Me di cuenta de que una buena parte de los pasajeros, como Houari, apenas llevaban equipaje. Había mayoría de jóvenes, entre ellos y algunas mujeres cubiertas con *hiyab* o con *niqab*.* Reparé en un tipo que vestía una suerte de camiseta suelta, chaleco corto y una pantalón que le llegaba a la pantorrilla. Se cubría parte de la cabeza con un pequeño gorro en forma de medio cilindro y tenía una larga y lisa barba, cortada en forma cuadrada y sin bigote. Iba absorto en la lectura de un libro, supuse que el Corán.

Houari se inclinó hacia mí, le señaló con la mirada y susurró cerca de mi oído:

---

* El *hiyab* es un velo que deja libre el rostro. El *niqab* es un manto que cubre la cabeza, llega a la rodilla y solo deja libres los ojos.

—*Terroriste.*

Recorrían el pasillo, cantando sus mercancías, vendedores de bocadillos, refrescos, agua mineral, chocolate, y un tipo que ofrecía baratijas metálicas de refulgente color dorado: pulseras, cadenas, sortijas... Houari pidió dos bocadillos de un embutido de vacuno parecido a la mortadela y me indicó con un gesto que pagara. Obedecí, naturalmente.

El viaje resultaba aburrido, todas las estaciones parecían diseñadas con el mismo tosco modelo rectangular exento de gracia, con el cemento de sus muros pintado de un desvaído color leonado.

Vagones rotos y oxidados en las vías muertas, montañas de basuras, suburbios con aire de *bidonvilles* subsaharianos, gentes que subían y bajaban sin equipajes, hombres vestidos con forros polares en donde relucían las insignias del Real Madrid o el Barça, mujeres con *hiyabs* y *niqabs*... Feo el día, feo el paisaje de ciudades a medio construir, con edificios habitados y aún por terminar, como si los dueños hubieran decidido pagar hasta donde les llegaba el dinero y esperar a un tiempo de bonanza para tener algunos miles de dinares más y poder concluir la construcción... Antenas parabólicas, ropa tendida en todos los balcones, calles de asfalto roto, árboles escuálidos, matorrales recios y, en las afueras de los pueblos, olivares humildes, rebaños de cabras, naranjales desprovistos de orgullo y de frutos, montañas insumisas, barrancadas impías, piedra, arena, la lengua seca de la tierra en los *wadis**... Anoté los nombres de algunos pueblos: Chlef, Bouader, Attaf, Aim Defla, Khemis, El Affroun, Blida...

Sentía la honda fatiga del viajero sin destino.

El tren entró renqueante en la estación central de Argel con tan solo media hora de retraso.

El rostro feroz de Houari me sonreía satisfecho, como si quisiera indicarme algo así como «misión cumplida, jefe».

※ ※ ※

La idea de Argelia como nación se forjó en la resistencia contra el colonialismo, después de que su actual inmenso territorio —es uno de los países más grandes de África— fuera ocupado

---

* Un *wadi* es el curso seco de un río, una rambla.

por Francia a partir de 1830. Hasta entonces, su mapa lo formaba una buena parte del desierto del Sahara, que recorrían tribus nómadas, y una franja costera llamada Berbería.

En 1509 España había conquistado Orán y, al poco, Tlemecén. Pero fracasó en el asedio de Argel, plaza de la que era señor Selim ben-Tumi, y solo pudo ocupar el llamado Peñón de Argel, a la entrada de su puerto. En 1516, Aruch Barbarroja, un pirata convertido al islam, oriundo de Mitilene, se hizo con el poder. Para derrocarlo, el cardenal Cisneros envió una expedición de conquista. Pero fracasó: la mayoría de sus navíos fueron hundidos, murieron cientos de españoles y unos 1.500 quedaron como prisioneros.

En 1518, Aruch Barbarroja murió en Tlemecén después de saquearla, y su hermano menor, Jeredín Barbarroja, negoció con Estambul ceder la soberanía del emplazamiento a cambio de ser nombrado sátrapa —nombre que se daba a los virreyes en los días del Imperio otomano— y de que se estableciese en Argel de forma permanente un ejército de 2.000 jenízaros.

En 1519, Carlos V envió una nueva fuerza militar a bordo de 80 naves. Pero una imponente tormenta las dispersó y los soldados que lograron desembarcar en Argel fueron derrotados por los jenízaros y los hombres de Barbarroja. Muchos españoles murieron y varios centenares de prisioneros fueron ejecutados.

Crecido por sus victorias, Jeredín lanzó en 1529 un ataque feroz contra el Peñón que aún ocupaban los españoles, logrando conquistarlo. El capitán al mando de la tropa hispana, Martín de Vargas, fue torturado y ajusticiado por orden del sátrapa. Ese mismo año, Jeredín envió su ejército a la conquista de Túnez para incorporarlo al Imperio otomano. Pero fue derrotado por las tropas de Carlos V. La plaza tunecina no caería en manos turcas hasta poco antes de la batalla de Lepanto, librada en octubre de 1571. La ciudad sería recuperada en 1573 por don Juan de Austria, el vencedor de Lepanto, cuando España ya era la dueña indiscutible del mar Mediterráneo. En 1574 caería de nuevo, definitivamente, en manos turcas. Pero esa es otra historia.

En 1541, Carlos V intentó de nuevo conquistar Argel, pero sufrió un nuevo descalabro a manos de los defensores frente a la Casbah, la ciudad vieja. En 1545, Jeredín conquistó Tlemecén, con lo que solo quedó como posesión española en la Berbería la plaza de Orán. El hijo de Jeredín, Hasán Bajá, trató de tomarla en 1563, pero no logró rendirla.

La soberanía turca sobre Argel resultaba muy liviana y, en la práctica, no era otra cosa que una base de piratas. Cada tres años, el sultán otomano nombraba al sátrapa de la plaza —siguiendo la línea dinástica de los Barbarroja—, al tiempo que cargaba con los gastos del ejército de jenízaros. Y se desentendía de la lejana Berbería. A Estambul le convenía tener en jaque a los cristianos en el Mediterráneo occidental, al tiempo que recaudaba sustanciosas tasas de los beneficios de la piratería.

En el siglo XVI, Argel era un lugar singular. El negocio de la piratería no consistía solamente en saquear naves italianas y españolas, sino en hacerse con numerosos prisioneros por los que exigían fuertes rescates. A mitad de siglo había en la ciudad cerca de 25.000 cautivos, que tenían una relativa facilidad de movimientos en la plaza y casi absoluta libertad de culto, pues el Imperio otomano siempre fue muy tolerante en materia de respeto a otras religiones. Casi todos eran empleados en trabajos públicos o servían como galeotes en las flotas piratas. El más famoso cautivo fue sin duda Miguel de Cervantes Saavedra, preso en Argel entre los años 1575 y 1580.

La mayoría de los habitantes de la plaza eran renegados, a los que se llamaba entonces «turcos de profesión», aventureros de origen cristiano convertidos al islam. Antonio de Sosa, un cautivo español contemporáneo de Cervantes, describe así el Argel de entonces: «Los turcos de profesión son todos renegados, que siendo de sangre y padre cristianos, de su propia voluntad se hicieron turcos, renegando impíamente y despreciando a su Dios y Creador. Estos y sus hijos por sí solos son más que todos los otros vecinos moros y judíos de Argel, porque no hay nación de cristianos en el mundo de la que no haya renegados en Argel.»

Entre la larga lista de renegados de diversas regiones había un número muy grande de castellanos, navarros, catalanes, vizcaínos, andaluces, valencianos, aragoneses y mallorquines.

Después de conquistar el territorio de la actual Argelia, en 1830, los franceses impulsaron la colonización en las ricas tierras del litoral. Y comenzaron una política de segregación con los árabes, a los que llamaban «indígenas». Desde 1881, líderes locales «indígenas» comenzaron a llamar a la resistencia y se produjeron algunas matanzas de colonos. El sentimiento nacionalista fue haciéndose más fuerte y más extenso en las décadas que siguieron, hasta concluir con la independencia del país en 1962, tras una cruenta guerra.

* * *

Quería alojarme en el hotel Atletti, próximo al puerto, por una cuestión de nostalgia. Siempre fue el hotel de los periodistas occidentales que acudían a informar sobre Argelia en tiempos de crisis. Por ejemplo, cuando el golpe de Estado en el que Houari Boumedian derrocó a Ben Bella, líder principal de la resistencia contra los franceses. El Atletti tenía un bar bien surtido en donde servían whiskies y abundaban las mujeres deseosas de aventuras con reporteros llegados de Europa y América. Yo había estado allí en una ocasión, en mis días de informador, creo que en el año 1974. Fui enviado por mi periódico desde París, en donde era corresponsal, en busca de una exclusiva sobre un asunto que ahora no viene al caso. Y no logré nada. Pero al menos tuve la suerte de que no me echaran de mi empleo tras mi fracaso.

Decidí alquilar dos habitaciones, pues no me apetecía nada dormir al lado de un hombre que viajaba sin equipaje y sin ducharse. Y el Atletti, antaño uno de los mejores establecimientos hosteleros de la ciudad, se había convertido en uno de los peores. Sucio, avejentado, con sus instalaciones sin remozar por lo menos desde dos décadas atrás y, además de eso, con recepcionistas y camareros maleducados. Mi nostalgia se convirtió en cabreo. Decidí que solo permanecería allí una noche, la que ya había pagado por adelantado.

Mi ángel de la guarda y yo desayunamos temprano. Subí luego a mi habitación, en el cuarto piso, a recoger mis cosas y, al poco, escuché grandes gritos y risotadas en el pasillo. Me asomé. Houari se sujetaba el estómago intentando contener, a duras penas, sus carcajadas. Y dos mujeres del servicio de habitaciones chillaban histéricas en el pasillo, sin que uno de los directivos del hotel lograra tranquilizarlas.

Con dificultades, entre el manejo del idioma y las risas, Houari logró explicarme de qué se trataba. Los baños de las habitaciones del Atletti, que fue un establecimiento francés en la época colonial, tenían el retrete separado del cuarto en donde estaban el lavabo, la bañera y el bidet. Y un cliente egipcio, al no encontrar el váter, había pensado que el bidet era el lugar apropiado para hacer sus necesidades y procedido en consecuencia. Las dos mujeres gritaban sin cesar negándose a limpiarlo.

Nos fuimos del Atletti, un hotel al que espero no volver nunca en mi vida y al que ya no me ata ningún tipo de nostalgia. Y encontramos habitaciones no muy lejos de la oficina central de correos, en un hostal de precio más que módico, la pensión Regina, que olía a cañerías de desagüe de aguas fecales. No sé si había huéspedes egipcios en la hospedería, pero resultaba tranquilizador que, en todo caso, los baños carecieran de bidet.

* * *

La obra de Camus es tan monumental como corta fue su vida. Cuando murió, en accidente de coche, el 4 de enero de 1960, llevaba en la cartera un manuscrito inacabado del que iba a ser su siguiente libro, una novela autobiográfica que se llamaría *El primer hombre* y que la familia no aceptó a publicar hasta 1994. En esta novela se llamaba a sí mismo Jacques Cormery y, según sus propias palabras, con aquel texto comenzaba a ser un escritor diferente, nuevo... Lo decía un hombre que ya había ganado el Premio Nobel de Literatura con 47 años, el autor más joven después de Rudyard Kipling, y cuya sensibilidad había conmovido a millones de lectores en el mundo.

El texto, escrito a mano, no había sido corregido aún por Camus. Como lo citaré a menudo, muchos errores de sintaxis aparecerán tal como estaban en el manuscrito. Pero leyendo este hermoso trabajo inacabado me pregunto, a veces, si los desastres sintácticos no acaban por ser parte intocable de la íntima nobleza de los textos.

La madre de Albert Camus, su abuela y sus tíos Étienne y Joseph no sabían leer y, en la casa, tan solo había revistas con dibujos para ojear y ni un solo texto escrito. Catherine, la madre del escritor, era una mujer muy callada, que apenas hablaba, debido, según dicen, a una meningitis mal curada. Camus iba al cine con su abuela y le leía los subtítulos de las películas mudas mientras ella pretextaba, para que la oyeran sus vecinos sentados en las sillas próximas, que se había olvidado las gafas en casa. El escritor dedicó *El primer hombre* a su madre, con un sencillo y tierno texto: «*A ti, que nunca podrás leer este libro.*»

* * *

Tomamos un autobús y viajamos directamente al barrio Sidi M'hamed, en donde pasó toda su infancia y primera juventud Albert Camus. El escritor había nacido en Mondovi, el oriente argelino, el mes de noviembre de 1913, pero al morir su padre en la batalla del Marne, cuando el niño no había cumplido aún el primer año de vida, la familia se trasladó a Argel y se instaló en la vivienda de la abuela en el barrio que entonces se llamaba Belcourt, un área habitada en su mayoría por proletarios *pieds-noirs* y algunas familias árabes. El piso estaba en la calle principal, entonces la Rue de Lyon, que hoy lleva el nombre de Mohamed Belouizdad. Me resultó curioso que, a pesar de los carteles y del tiempo transcurrido desde la independencia y la expulsión de los *pieds-noirs* la gente siguiera llamando Belcourt al barrio y Lyon a su avenida central.

Bajamos del autobús un cuarto de hora más tarde. Houari caminaba un paso por detrás de mí, cargando con la pequeña bolsa en donde guardaba mi máquina fotográfica. Cuando me detenía y le hacía un gesto pidiéndole la cámara, acudía presto y me la tendía. Y se colocaba delante del objetivo sonriendo: Houari no concebía una foto sin personas. Y no había modo de hacérselo entender. De modo que me convertí en una suerte de *paparazzo* que robaba fotos por sorpresa, en mi caso tan solo edificios.

Con frecuencia nos cruzábamos con hombres ataviados con vestimentas y gorros islámicos, con las luengas barbas cortadas en forma rectangular y, en cada ocasión, Houari se acercaba hasta mí y musitaba cerca de mi oído:

—*Terroriste*.

El centro de Argel, incluida una parte de Belcourt, recuerda las edificaciones de los grandes bulevares parisinos: edificios de seis o siete alturas, soportales de arcos de medio punto, grandes puertas, fachadas enjalbegadas y las verjas, los postigos y los marcos de madera de las ventanas pintados de vivo azul. Es una hermosa ciudad deteriorada por años de descuido, como una vieja aristócrata venida a menos. En muchas ventanas y balcones cuelga la ropa tendida al sol y huele a alcantarilla en todas las aceras. Si las autoridades municipales decidieran adecentar la ciudad, sería sin duda una de las más bellas urbes del Mediterráneo: más aún que Barcelona y Niza y, por supuesto, que Valencia y Nápoles.

La familia de Camus habitó dos casas en la calle Lyon, la primera en el número 17, durante sus primeros años en Argel. Nos acercamos hasta allí. Camus, en *El primer hombre*, en mi opinión el texto más emotivo de toda su obra, cuenta que junto a su portal había una peluquería. Pregunté a un par de personas y nadie la recordaba. En su lugar, había una pequeña tienda de comestibles y un cafetín en donde vendían pollos asados.

Crucé el oscuro vestíbulo de la casa. Había un hueco de ascensor sin ascensor y una estrecha escalera de altos peldaños de mármol, con los restos de un fino trabajo de mosaicos en las deterioradas paredes. Subí hasta la primera planta. No había luces y los techos eran muy altos. Tres viviendas ocupaban el espacio del piso y supuse que la del centro pudo ser la que habitó el escritor. El nombre del actual inquilino estaba grabado en una plaquita de metal dorado: Bali Abderrahmane. En un extremo de la planta, una pequeña ventana daba a un patio interior. Probablemente era el lugar en donde la madre del pequeño Albert tenía su gallinero.

Seguimos caminando hacia el oeste, Rue de Lyon adelante. Del cine sobre el que habla Camus en su libro, tan solo sobrevivía indemne la fachada. Me asomé al interior. Parecía el escenario de un reciente bombardeo: butacas destrozadas, suelo lleno de desechos, palcos derrumbados, techos de donde colgaban vigas rotas, como costillares de grandes vacunos, entre los restos de estuco, y paredes que mostraban las hileras de viejos ladrillos deteriorados...

Hice algunas fotos, sorteando como pude a Houari, y un paisano se acercó curioso:

—Se derrumbó cuando el terremoto de 2003 —me informó—. Y los dueños no se han preocupado de arreglarlo. Ya casi no hay cines en Argel.

En *El primer hombre*, Camus recuerda las veladas del cinematógrafo: «*Había sesiones los jueves y los domingos. El cine de barrio estaba a unos pasos de mi casa y, al igual que la calle en donde se encontraba, llevaba el nombre de un* *poeta romántico...* El cine proyectaba entonces películas mudas, actualidades primero, un filme cómico corto y, para terminar, una película en episodios, a razón de un breve episodio por semana..., cada uno de ellos terminaba en suspenso... Acompañaba el espectáculo al piano una vieja señorita..., de una espalda flaca en forma de botella de agua mineral, con un cuello de encaje por tapón.»*

* * *

Seguimos guiados por las indicaciones de los biógrafos de Camus y doblamos por una pequeña calle de la acera izquierda, hasta dar con el antiguo Instituto Aumerat, en donde hizo sus primeros estudios el niño que, nacido en la miseria, alcanzaría a ser Premio Nobel de Literatura. Ahora, el centro había cambiado de nombre y se llamaba Boudova Tahâr. Pregunté al portero y me dijo que el director estaba en el patio y que podía pasar sin problemas.

Era un hombre elegante, vestido con un tra-

---

* El cine Musset, en la calle Alfred de Musset, una de las pocas vías de Argel que conserva su nombre colonial.

je bien planchado y corbata discreta. Tendría unos 55 años y se llamaba Mamut Gueramta. Conocía bien la historia de Albert Camus.

—El edificio fue antes un cuartel, construido en 1886 —me explicó— y pasó a ser colegio en 1917. Camus aprendió aquí a leer. Y bien que aprendió, vistos los resultados.

—¿Conoce sus libros?

—No... —respondió.

Y añadió con énfasis:

—Yo soy de «los árabes».

* * *

Abundaban los pequeños comercios, puestos de venta callejera y restaurantes que me recordaban a los que había en Madrid en la década de los años sesenta del pasado siglo: humildes locales de mesas y sillas de metal con manteles de papel, atendidos por pálidos camareros bigotudos, casi siempre entrados en años, de cabellos morenos e hirsutos, hombres tan frágiles como hoscos, ataviados con pantalón negro, chaqueta crema y camisa blanca que cerraba una delgada corbata negra. Eran en su mayoría hombres de aire enfermizo, el cuello de la camisa solía venirles grande y parecían bailar dentro de sus ropas.

La avenida resultaba muy viva y populosa pasado el mediodía. Adentrándome más y más en el barrio, la antigua Rue de Lyon se iba estrechando, poblándose más y más de peatones; grandes ficus y acacias daban espesa sombra a las aceras y los edificios eran más bajos y humildes.

Llegamos al número 93, la segunda casa de Camus en el barrio de Belcourt. Era una vivienda de dos plantas, casi enterrada entre dos edificios de mayor altura, con una tienda al lado de telefonía móvil. La vivienda de Camus estaba en la primera planta, con tres ventanas que daban a la calle. Traté de entrar. Pero el conserje, que era al mismo tiempo dueño del inmueble, me cerró el paso con aire furibundo.

Houari se irguió a mi lado con aire retador. Pero le disuadí de hacer algo. Al salir, un hombre de unos setenta años se me acercó.

—Viene por Albert Camus, ¿verdad? —le dijo—. Aquí se acercan muchos turistas, franceses sobre todo, pero también americanos e, incluso, japoneses. Y el dueño y los inquilinos están hartos de visitas, por eso no le ha dejado entrar.

—¿Conoce la casa?

Asintió:

—Está como entonces: es una vivienda pobre, porque Camus nació pobre.

—¿Lo ha leído?

Miró hacia los lados.

—Claro, pero a las gentes de por aquí no les gusta. Creen que no era de los nuestros.

—¿Y usted qué cree?

—Que un gran escritor nos pertenece a todos.

Se llamaba Mohamed Hali Abessami y me acompañó durante un rato.

—Belcourt ha cambiado mucho. ¿Ve esa esquina? Antes había un bonito café de estilo andaluz, pero cerró después del terremoto. Muchos españoles vivían en el barrio, pero se fueron en el 62, cuando la independencia.

Me habló de la «década negra».

—Aquí fue terrible. Los islamistas mataban a la gente por la calle, a plena luz del día. Yo pasé esos diez años casi sin salir de casa..., perdí una buena parte de mi vida sin ver el sol y el mar.

—¿Queda lejos el mar?

Señaló hacia su derecha.

—En esa dirección, no muy lejos. Pero ahora lo tapan las instalaciones del puerto y no se puede entrar. Antes había una playa... Creo que la de *El extranjero*. Conoce el libro, supongo.

—Sí..., Meursault.

—Sí, sí... Meursault, el absurdo, el mal...

Abessami era pensionista y se ganaba algo de dinero extra haciendo fotos en la calle con una vieja Polaroid. Posó para que yo le retratara e, inevitablemente, Houari se colocó sonriente a su lado.

* * *

A las pocas semanas de morir en la batalla del Marne el padre de familia, la viuda Catherine —su apellido de soltera, por parte de padre, era Sintès— se trasladó a Argel, como ya he dicho, con sus dos hijos y su propia madre, también llamada Catherine, nacida en Menorca y de apellido Cardona. Albert no había cumplido aún el primer año de su vida. Se instalaron en la calle principal del barrio de Belcourt, en el número 17 de la Rue de Lyon, compartiendo piso con dos hermanos de la madre del futuro escritor, Étienne, sordomudo, y Joseph. Los hermanos Sintès eran toneleros, mientras que Catherine trabajaba como mujer de la limpieza en casas particulares o en comercios.

A partir de 1920, Catherine, con cerca de cuarenta años de edad, comenzó a recibir una pensión del Gobierno francés, en calidad de viuda de guerra, de 800 francos anuales, más otros 300 por cada uno de sus dos hijos hasta que cumplieran los dieciocho años. Su condición le garantizaba, además, estudios primarios gratuitos para sus hijos, con lo que Lucien y Albert fueron los dos primeros miembros de la familia que aprendieron a leer y escribir. Además de eso, la abuela apuntó a los dos hermanos en la biblioteca municipal y Albert se convirtió de inmediato en un lector voraz.

Ese año de 1920, los Camus se mudaron a una casa algo mayor, en el número 93: Joseph ya no estaba con ellos. Étienne dormía en una cama plegable en el salón, la abuela disfrutaba de un dormitorio para ella sola y Catherine compartía el suyo con sus dos hijos. Era una casa mejor que la anterior, pero en modo alguno una vivienda digna. El biógrafo de Camus Olivier Todd la describe así:

«En el rellano, los váteres a la turca apestan. No hay agua corriente; se llenan jarros en los grifos de la calle y se lavan en el fregadero. Una vez a la semana se duchan en una pila de cinc. Sobre

la mesa, en la habitación principal, hay una lámpara de petróleo. En Argelia o en la metrópoli, las familias obreras viven así: no en la miseria, pero sí al borde de la pobreza. ¿Qué es la pobreza en los años 20 y 30? Los pobres comen menos carne que pescado, los miserables sueñan con el pescado. Los pobres se lavan con jabón de Marsella, los miserables no se lavan. Los pobres "cuentan", los miserables aceptan lo que les dan.»

En esa casa viviría el escritor hasta 1930, cuando cumplidos los 17 años se instaló en casa de su tío político Gustave Acault, casado con una hermana de su madre y dueño de una carnicería en la Rue de Michelet. Acault poseía una enorme biblioteca en la que el joven Albert leyó con avidez los clásicos franceses. Decidió entonces que sería escritor.

Albert jugaba en la calle con niños judíos, árabes, *pieds-noirs* de origen francés, españoles, italianos... *«Fue Belcourt el que lo formó»*, señala su otro gran biógrafo Herbert Lottman. Acudía al colegio en la Rue Aumerat, también conocida como Allée des Mûriers (Alameda de las Moreras). Y ya algo mayor, los domingos, o cuando hacía novillos, bajaba con los amigos a nadar a la cercana playa del Arsenal, hoy desaparecida, que sería el escenario principal de su novela *El extranjero*.

En la escuela de Belcourt, el niño Camus, con diez años, encontró en un profesor, Louis Germain, *«un segundo padre; o el primero»*, como dice Olivier Todd. Germain era un hombre de ideas republicanas, un librepensador, e imbuyó en el pequeño Albert el amor a la libertad. Explicaba que hay quienes creen en Dios y quienes no creen, así como personas que no practican ninguna religión. Tampoco el ambiente de la casa de Albert era muy religioso. La madre nunca iba a misa, en tanto que la abuela, cuando algún conocido moría, no rezaba ninguna oración ni se santiguaba, sino que simplemente comentaba: *«Ese ya no volverá a tirarse pedos»*, según relata Camus en *El primer hombre*.

El profesor Germain era muy exigente en sintaxis y en redacción, y su amor a la enseñanza le llevó al punto de dar clases extras, gratuitas, a sus cuatro alumnos más aventajados, entre los que se encontraba Albert, a quien cariñosamente llamaba *Mosquito*. Y fue decisivo en el futuro del escritor cuando convenció a su madre y a su abuela para que, en lugar de ponerlo a trabajar, como su hermano Lucien, lo presentaran a examinarse para una beca con la que pudiera concluir sus estudios. Albert se examinó, aprobó, logró la beca y, con once años de edad, en 1924, prosiguió sus estudios en el Liceo de Argel.

En su novela autobiográfica *El primer hombre*, Camus traza un retrato conmovedor de Louis Germain —a quien llama señor Bernard—, cuando el maestro, tras aprobar su examen para la beca, se despide de él:

«—*Ya no me necesitas más* —le dijo (Bernard)—, *tendrás otros maestros más sabios. Pero ya sabes dónde estoy, ven a verme si precisas de algo.*

»*Se marchó y Jacques* (Jacques Cormery es el nombre que se da a sí mismo Albert Camus en la ficción) *se precipitó a la ventana, mirando a su maestro, que lo saludaba por última vez y lo dejaba solo, y en lugar de la alegría del éxito, una inmensa pena de niño le estremeció el corazón, como si supiera de antemano que, con ese éxito, acababa de ser arrancado del mundo inocente y cálido de los pobres, mundo encerrado en sí mismo como una isla en la sociedad, pero en el que la miseria hace las veces de familia y de solidaridad, para ser arrojado a un mundo desco-*

nocido que no era el suyo, donde no podía creer que los maestros fueran más sabios que aquel cuyo corazón lo sabía todo, y en adelante tendría que aprender, comprender sin su ayuda, convertirse en un hombre sin el auxilio del único hombre que le había ayudado: tendría que crecer y educarse solo al precio más alto.»

Durante el resto de su vida, Camus no dejó de agradecerle a Germain todo lo que hizo por él, hasta el punto de dedicarle su discurso de aceptación del Premio Nobel. Y mantuvo con él contacto todos los años de su vida.

En una carta que le envió en noviembre de 1957 desde Francia, a poco de recibir el Nobel, escribía: «*Sin usted, sin la mano afectuosa que tendió al niño pobre que era yo, sin su enseñanza y su ejemplo, no hubiese sucedido nada de todo esto... Sus esfuerzos, su trabajo y el corazón generoso que usted puso en ello continúan siempre vivos en uno de sus pequeños escolares que, pese a los años, no ha dejado de ser su alumno agradecido.*»

En abril de 1959, Germain escribía a Camus desde Argel: «*Mi pequeño Albert:... ¿Quién es Camus? Tengo la impresión de que quienes tratan de penetrar en tu personalidad no lo logran.*

Siempre has mostrado un pudor instintivo ante la idea de descubrir tu naturaleza, tus sentimientos. Cuando mejor lo consigues es cuando eres simple, directo... El pedagogo que quiere desempeñar concienzudamente su oficio no descuida ninguna ocasión para conocer a sus alumnos, sus hijos, y esta se presenta constantemente... Creo conocer bien al simpático hombrecito que eras, y el niño, muy a menudo, contiene el germen del hombre que llegará a ser. El placer de estar en clase resplandecía en toda tu persona, tu cara expresaba optimismo...»

En el ambiente de pobreza de Belcourt, rodeado de voces italianas, francesas, españolas y árabes, pasó más de un tercio de la vida del futuro Premio Nobel. En sus libros *El derecho y el revés* y *El primer hombre* Camus hablaría mucho de aquella infancia. Nunca olvidaría sus orígenes y siempre militó en la causa de los desfavorecidos.

※ ※ ※

Regresamos al barrio de nuestro hotel. Tenía ganas de comer pronto y echarme una buena siesta. Pero Houari se empeñó en que tomásemos unas cervezas en un local que se anunciaba como Tango Bar. ¿Tango en Argel?

Evidentemente era un prostíbulo.

Nos rodearon un grupo de chicas cuando nos sentamos a una mesa. Invité a cervezas. Houari no cesaba de sonreírme y guiñarme el ojo. Una de ellas, muy joven y sin duda hermosa, me dijo que se llamaba Anissa y se ofreció por 1.500 dinares, unos 14 euros al cambio. Decliné la invitación.

—¿Quieres discutir el precio? —dijo.

—No es cosa de precio. Simplemente, no quiero.

—¿No soy bonita?

—Claro. Y mucho.

—¿Eres homosexual?

—No.

—Entonces no entiendo qué haces aquí.

Señalé a Houari:

—Pregúntale a él. Es quien me trajo.

Charlaron un rato. Houari me miraba desconcertado. Anissa volvió a dirigirse a mí. Era una chica descarada.

—Nunca he probado el sexo con un español. Los árabes están muy secos..., por la circuncisión. Los españoles debéis de ser grasientos. Por

500 dinares y 1.000 del hotel estoy todo el tiempo que quieras contigo y haciendo todos los vicios que te gusten.

Le indiqué a Houari que nos fuéramos. Me miraba con perplejidad y cierta tristeza y le dije que, si quería ir con una chica, le invitaba. Pero se negó.

—No, no..., *c'était pour toi*.

Comimos un buen *cus-cus merguez* con vino de Masala en un pequeño y modesto restaurante que se llamaba L'Arc de Ciel, no muy lejos de nuestra pensión. Luego, me eché una profunda siesta mientras Houari se iba a dar un paseo. Cuando nos encontramos para seguir las huellas de Albert Camus, me tendió un frasco que contenía un mejunje hecho con miel, hierbas silvestres, jengibre, nueces y almendras: una vitola con caracteres latinos lo presentaba con el nombre de Akda. Houari me guiñó el ojo.

—¿Qué es? —le pregunté.

Sonrió con picardía, cerró el puño derecho y alzó el antebrazo, recio, en vertical, como un miembro viril en erección.

—*C'est bon* para sexo —dijo.

Desistí de tratar de explicarle que no tenía

problemas de impotencia, sino que simplemente no soy putañero.

* * *

Camus describe en *El primer hombre* el recorrido que hacía a diario para llegar al Liceo. Y esa misma tarde emprendimos camino mi mal encarado guardaespaldas y yo, rumbo al lugar en donde el escritor prosiguió sus estudios secundarios. Albert, que tenía beca de medio pensionista, con derecho a desayuno y comida, acudía en tranvía, muy temprano, por lo general sentándose en el parachoques trasero al aire libre, viendo nacer el día y respirando el aire salino de la cercana bahía.

Houari y yo tomamos la calle de Bab-Azzouh. Bajo la poderosa luz del sol, brillaban los edificios azules y blancos de Argel. Abundaban, en los soportales, tiendas de venta al por mayor de ropa y de zapatos, pastelerías de empalagosos dulces magrebíes empapados de miel, joyerías de oro y plata... En la ciudad no existía el turismo en ese tiempo y no podía encontrarse ni un solo comercio de *souvenirs*. La calle, en ocasiones, se estrechaba de tal modo que solo quedaba hueco para que pasara el tranvía, y los peatones debíamos refugiarnos en los soportales cuando el conductor anunciaba la llegada del vehículo, con ese repiqueteo de campana que me recordaba mi infancia madrileña.

Percibía, mientras caminaba seguido por Houari, que Argel era una ciudad de fiera luminosidad y pensé que en el carácter de la urbe había algo de sólido y bravo, mezclado con un aire de eternidad jovial. Yo creo en el espíritu de las ciudades, y en Argel hay algo de irreductible, un músculo íntimo y acerado que me recuerda a Estambul. Tengo la impresión de que nada puede derrotar a Argel, como a Estambul: ni el deterioro, ni el abandono, ni siquiera las guerras... Y quizá la razón más profunda de su capacidad de resistencia no sea la ferocidad de su historia, teñida de sangre, sino la belleza que nunca la abandona y que ni siquiera la decrepitud de sus edificios, el paisaje de la ropa tendida en los balcones, las basuras amontonadas en las esquinas, el vaho apestoso de las alcantarillas, de las que emanan olores nauseabundos, consiguen derrotar.

Stefan Zweig, que visitó la ciudad en los años treinta del pasado siglo, la definió como «Argelia la blanca» y quiso describirla como quien pinta una acuarela: «*Un color único, alimentado por todos los otros, un blanco duro, duro y puede ser que casi doloroso, una luz de una intensidad extraordinaria, atravesada como un diamante por el centelleo de miles de cristales brillantes que envían los rayos del sol... Es este color el que da su magia a Argel.*»

El mar azul, la curva generosa de la bahía, la ciudad blanca tendida en las faldas de la colina, el verdor de su cabellera forestal en las alturas..., Argel, «*a medio camino de la miseria y el sol*», en palabras de Camus.

* * *

Al final de Bab-Azzouh, junto a la bocana del puerto de L'Amirauté, se abría la ancha explanada de la plaza de los Mártires, luminosa y llena de vida bajo un sol salvaje. A mi derecha, la airosa cúpula de la mezquita de Djama El-Djadid reinaba en la plaza con el blancor más luminoso que nunca he visto. A su lado, se tendía un mar de brillante azul y, al fondo, podía distinguir el faro, la Pêcherie —la lonja de pescado— y el Peñón de Argel.

A mi izquierda, trepaba hacia las alturas de la reseca montaña la Casbah, la ciudad vieja, un reducto de orgullo y violencia, a lo largo de su historia, ante todo aquel que pretendiera penetrar, viniendo desde fuera, en el corazón de la Argelia musulmana y bucanera. Más allá, al frente, comenzaba el barrio de Ban El-Oued, uno de los más miserables de la ciudad actual, que durante los años de la colonia fue una barriada alegre, habitada en su mayoría por jaraneros emigrantes españoles llegados de Levante y Andalucía, y que, en los días de la «década negra», se convirtió en un reducto del fundamentalismo islámico de Argel.

Debajo de la Casbah, de espaldas a sus últimas casas, un edificio de corte colonial alojaba el Instituto Abdel-Kader, que en los días de la colonia se llamaba Grand Lycée o Instituto Bugeaud.

El niño Camus inició allí, en 1924, sus estudios de secundaria y, en 1930, los de preuniversitario, que incluían lecciones de filosofía por otro de sus grandes y queridos maestros, Jean Grenier, con quien seguiría en contacto hasta su trágica muerte en enero de 1960. Grenier, que era quince años mayor que Camus, le sobreviviría hasta 1971. En *El primer hombre* aparece camuflado tras el personaje de Malan.

En la última carta que Camus le escribió, siete días antes de su muerte, le contaba una anécdota reveladora del humor del escritor:

«*Un gendarme detuvo mi coche hace algunos días y me preguntó qué era lo que yo escribía (en mi carnet de conducir figura mi profesión). Para simplificarle dije que novelas. "¿Rosas o policíacas?", me preguntó. Yo le respondí: "Mitad y mitad."*»

* * *

El Liceo sigue siendo exactamente igual a como era aquellos años en que Camus estudió en sus aulas. De modo que no hay mejor descripción del lugar que la que el escritor incluye en las páginas de *El primer hombre*:

«*Era un enorme edificio cuadrado que dominaba la calle. Se entraba por dos escaleras laterales y una central, amplia y monumental, flanqueadas a cada lado por mezquinos jardines con bananos. La escalera central desembocaba en una galería que reunía las dos escaleras laterales y en la que se abría la puerta monumental utili-*

zada en grandes ocasiones, y junto a ella, otra más pequeña que daba al recinto acristalado del portero, que era la que se utilizaba comúnmente.»

* * *

Por cierto que, en el Liceo, descubrió otra de las grandes pasiones del escritor: el deporte. Y de entre todos los deportes, el fútbol. Aunque bajo de estatura y enclenque, Camus era ágil, y acabó formando parte, como portero, del Racing Universitario de Argel (RUA), el equipo de los estudiantes de la capital de la colonia. En la revista del instituto, según recoge Lottman en su biografía, se le cita a menudo como uno de los mejores jugadores, a pesar de que su equipo perdía casi todos los partidos.

Años después, Camus escribiría una de sus frases más populares: «*Lo que finalmente sé con mayor certeza respecto a la moral y a las obligaciones de los hombres, se lo debo al deporte y lo aprendí en el RUA.*»

También dijo en otra ocasión con cierta ironía: «*Aprendí pronto que la pelota no llega del lado que uno espera. Me sirvió en la existencia y, sobre todo, en la metrópoli (París), donde la gente no es sincera.»*

* * *

Entré en el Liceo seguido de Houari, que miraba hacia los lados con cierto asombro, como contemplaría un lobo una tienda de lencería. El portero nos detuvo en el amplio vestíbulo y me presenté como un escritor español interesado en visitar el centro principal de enseñanza media de la ciudad. Me dijo que esperara y, unos minutos después, regresó acompañado de un hombre sonriente, que me tendió la mano con jovialidad y se presentó como gerente del instituto. Era un hombre cercano a los setenta años de edad.

—Soy Monsieur Ghaeffi. ¿Usted...?

—Monsieur Martín —dije.

—De España, ¿no? ¿Y cuál es su equipo?

—El Real Madrid.

—Ah..., yo soy del Barça.

—Qué le vamos a hacer..., nadie es perfecto.

Le expliqué el motivo de mi visita.

—Sí, sí..., Camus. Estudió aquí, claro.

—¿No hay ninguna placa, nada que lo recuerde?

—No era de los nuestros...
—Era argelino.
—Él se consideraba francés...
—Bueno, no está tan claro.
—Da lo mismo. ¿Quiere visitar el centro? Es usted bienvenido. ¿Sabe que este es el mayor instituto de toda África? Este curso tenemos 1.410 alumnos matriculados.

Subimos una alta escalinata. Entramos en algunas aulas y Monsieur Ghaeffi me presentaba a los profesores..., señalando siempre, con guasa, cuál era hincha del Barça y cuál del Real Madrid. La mayor parte de ellos apoyaban al equipo de la Ciudad Condal. Y Ghaeffi bromeaba:

—Este es un liceo con mayoría de profesores inteligentes.

Salimos a un bonito patio rodeado de frondosos ficus. Unos chicos jugaban al fútbol.

—Camus formaba parte del equipo del Liceo —dije.

—Sí, lo sé —respondió Ghaeffi—: era el portero, a pesar de ser bajito. Hay una foto muy conocida.

—Una vez dijo que todo lo que sabía de la vida lo aprendió en un campo de fútbol.

—También los hombres inteligentes dicen de

vez en cuando tonterías. ¿Qué cree usted que se puede aprender en un campo de fútbol?

—La solidaridad con tus compañeros, la capacidad de revolverse contra un resultado adverso, aceptar la amargura de la derrota y sobreponerse a ella, saber que el triunfo es algo efímero y no envanecerse por lograrlo, compadecerse de la humillación del contrario cuando pierde..., y muchas más cosas, Monsieur.

Me miró con cierto asombro.

—Creo que tiene razón —dijo—. ¿Dónde aprendió todo eso?

—Viendo jugar al Real Madrid.

Monsieur Ghaeffi estalló en risotadas.

Me llevó a una clase de canto. Y una veintena de alumnos, bajo la batuta de una profesora que dirigía a tres chicos que tocaban sendas guitarras, interpretaron en mi honor dos piezas de aire flamenco.

—Son antiguas canciones andalusíes —me dijo Ghaeffi—, vienen de la Oranía. En Argelia amamos la cultura española y detestamos todo lo francés, incluidos sus escritores... Y sobre todo a los *pieds-noirs*: nos trataron como a perros durante la colonia.

—Tampoco los *pieds-noirs* amaban a Camus.

Creo que algún día tendrá que poner una placa en su honor. No hay muchos liceos en el mundo que puedan alardear de haber criado un Premio Nobel de Literatura.

—Tal vez; pero será en otra generación, no en la mía.

* * *

Cayendo ya el sol, nos acercamos de nuevo al centro de la ciudad y eché una ojeada a lo que llaman en Argel la «cueva de Cervantes», una suerte de gruta en donde la leyenda afirma que se escondió el novelista español en uno de sus intentos de fuga durante los cinco años que permaneció cautivo en la plaza.

La toma de prisioneros cristianos era un negocio muy lucrativo para los piratas musulmanes que, desde el Medievo, operaban en aguas mediterráneas. A tal punto era un fenómeno preocupante para la cristiandad que surgieron varias órdenes religiosas cuyo objetivo primordial no era otro que intentar pagar el rescate por los cautivos, principalmente la de los Trinitarios, fundada en 1198, y la de la Merced, de 1235.

La actividad de los piratas se intensificó en el siglo XVI, gracias al apoyo que los forajidos, sobre todo los berberiscos argelinos, encontraban en el Imperio otomano. Y como ya he señalado antes, solo en Argel había 25.000 cautivos a mediados del siglo.

Miguel de Cervantes había sido herido de gravedad en la batalla de Lepanto, en 1571, mientras combatía en la proa de la galera *Marquesa*, y durante más de un año hubo de permanecer ingresado en el Hospital General de Mesina, cuando Sicilia y todo el sur de Italia eran dominios de los Austrias españoles. Curado, Cervantes se trasladó a Nápoles y, de nuevo en la armada española, combatió en Corfú y en la campaña de Túnez contra turcos y berberiscos.

En 1575, junto con otros soldados españoles y su hermano Rodrigo, compañero suyo en Lepanto y en las batallas posteriores contra los turcos, decidió regresar a España. Y se embarcó en la galera *Sol*, una de las cinco embarcaciones que formaban una pequeña flota, lo que aseguraba un viaje sin incidentes. A principios de otoño, los barcos partieron de Nápoles, un día de cielo luminoso y mar tranquilo, costeando las orillas del Tirreno y, más adelante, las del sur de Francia.

Pero unas jornadas después, ya en el golfo de León, la zona más peligrosa a causa de la actividad pirata, una tormenta dispersó la flotilla y la galera *Sol* quedó descolgada del resto de las naves. Y no tardó en ser atacada por un nutrido grupo de embarcaciones argelinas. Aunque los españoles opusieron resistencia, los piratas eran más numerosos e iban mejor armados. Varios españoles murieron y otros fueron apresados, entre ellos los dos hermanos Cervantes.

Así empezó el cautiverio del mayor escritor español de todos los tiempos. Casi cinco años pasaría preso en Argel, entre octubre de 1575 y septiembre de 1580, tiempo en el que trató de fugarse al menos en cuatro ocasiones. Las penalidades de aquel cautiverio encontraron referencia en numerosas de sus obras: la *Epístola a Mateo Vázquez*, escrita en verso en el mismo Argel, las piezas teatrales *Los tratos de Argel* y *Los baños de Argel*, las novelas *La Galatea*, *El licenciado Vidriera*, su obra póstuma *Los trabajos de Persiles y Segismunda* e, incluso, el *Quijote*.

«¡*Oh, libertad, cuánto eres amada!*», proclamaría en *Los tratos de Argel*.

Cervantes, como los otros españoles capturados, fueron subastados públicamente. A él lo compró Dali Mami, que fijó su rescate en 500 ducados, unos 30.000 euros del día de hoy. A su hermano Rodrigo lo adquirió Rabadán Bajá, que estableció el mismo precio.

Los cautivos eran en realidad esclavos que realizaban los trabajos públicos más duros de la plaza, o se empleaban como remeros en las galeras piratas, o servían a sus amos en tareas domésticas como acarrear agua y leña. Todos llevaban una cadena en un tobillo y un hábito que significaba su condición.

En la primavera de 1577, llegaron frailes mercedarios a Argel, intermediarios en los rescates, con una lista en la que figuraban los dos hermanos. Los frailes llevaban en total 100 ducados para los rescates de los Cervantes. Rabadán Bajá accedió a reducir a 100 la cantidad establecida para Rodrigo. Pero Dali Mami no cedió ni un solo ducado de lo que pedía por Miguel. Y este ofreció donar los 50 ducados dispuestos para su rescate en favor de su hermano.

Rodrigo quedó libre y se llevó con él la *Epístola a Mateo Vázquez*. Y llegado a España, dedicó todo su tiempo a buscar los medios de librar a su hermano del cautiverio. Mientras, Miguel siguió intentando sin éxito la fuga, pero sin cejar en su empeño. Dice un cautivo, Leonardo, en *Los tratos de Argel*:

*A la triste fortuna, alegre cara
debe mostrar el pecho generoso:
que cualquier mal, buen ánimo repara.*

Dali Mami vendió a Cervantes a un nuevo amo, Hazán Bajá, quien mantuvo la cifra del rescate en los 500 ducados. La familia del escritor —sus padres, sus dos hermanas y Rodrigo— no habían cesado de reunir todo el dinero que podían. Y al fin, el 19 de septiembre 1580, el fraile trinitario Juan Gil desembarcó en Argel y realizó el pago exigido por Miguel de Cervantes. El escritor se embarcaba el 24 de octubre con rumbo a Valencia y pisaba tierra española el día 27 del mismo mes. Años más tarde, en el *Quijote*, haría decir a un personaje de su ficción, un capitán que fue cautivo y rescatado: «*Gracias sean dadas a Dios, porque no hay en la tierra, conforme a mi parecer, contento que se iguale a alcanzar la libertad perdida.»*

* * *

La mañana siguiente le dije a Houari que quedaba libre hasta después de comer: quería pasear a solas por la ciudad, pensarla, sentirla sin nadie al lado. Y había quedado en comer en su residencia con el embajador español en la ciudad, amigo de un buen amigo mío de mis años de periodista, Ramón Vilaró. Houari me miró con extrañeza, de modo que tuve que explicarle que debía ir a la embajada a tramitar algunos asuntos.

—No dinero —dijo mostrándome las palmas de las manos abiertas.

Le di 500 dinares, más o menos el equivalente a cinco euros, una cantidad por la que en Argel era posible darse en esos días un verdadero festín.

Y caminé hacia el puerto, a contemplar los barcos anclados en la ancha bahía de la ciudad y el mar vibrante que se ensanchaba hacia España, bajo el sol de Argel, al que Camus calificó como «*invencible*»: un sol que parecía capaz de hacer hervir la tierra, si ese fuera su propósito, y disolverla en la nada, ese mismo sol inclemente que convirtió a Meursault en asesino.

Pensé que la urbe me fascinaba y me repelía al mismo tiempo. ¿Por qué? Tal vez por su belleza incómoda, su insumisión, su rechazo a lo ajeno: al islamismo redentor, que nunca caló con hondura en la ciudad; al socialismo triunfador de la guerra de la independencia; a la marea de modas importadas de Occidente durante los años setenta..., Argel no es nada de todo eso y es un poco de todo. Quizá, lo que domina sobre lo demás, lo que percibes en sus calles y en su sosegada bahía es el latido de un corazón latino y árabe al mismo tiempo. Cuando estaba allí, sentía que la ciudad me poseía porque me revelaba algo íntimo de mi propio ser. Y al tiempo, me mostraba una aversión en la que yo no podía reconocerme. Tengo la impresión de que el espíritu de Camus se forjó en una frontera semejante.

A diferencia de Orán, que ofrece con desdén la espalda al mar, Argel se mira a sí misma, apasionadamente, en el espejo del Mediterráneo.

Zweig, que se maravilló al visitarla, describía así un atardecer desde las alturas de la ciudad:

«Una inmensa concha azul de mar cerrando Argel, la perla blanca... Y empujado por el deseo de dar un sentido a esta villa escalonada en terrazas, puede soñarse que es como un anfiteatro construido para poder contemplar el sublime espectáculo de un mar siempre azul, de una primavera eterna, de mirar voluptuosamente la blancura de su rostro sobre el azur heráldico del puerto.»

* * *

Juan Leña, el embajador español en Argel, pertenecía a esa nueva generación de diplomáticos españoles que nada tienen que ver con aquellos criados en el franquismo al arrimo de casposos títulos nobiliarios. Era un hombre inteligente y culto, apasionado de su trabajo, y buen lector de novela. Después de comer en su residencia, me acompañó al centro de la ciudad y, en una librería, me fue mostrando los títulos de nuevos autores magrebíes, como Kaleb Yocine, Mohamed Dib, Mohamed Chukri y Ben Jellum. Pero sobre todos ellos, gracias a Leña, descubrí esos días a Yasmina Kadra, el ex policía argelino que escribe con seudónimo de mujer, autor de libros tan tremebundos sobre la «década negra» como *El silencio de los corderos*.

—Casi todos utilizan el francés y muchos viven en Francia, aunque la detesten. Les sucede lo mismo que a muchos escritores irlandeses: escriben en inglés mientras guardan un intenso rencor a Inglaterra —me dijo el embajador.

Retomé mi paseo en solitario por la calle Didouche Mourad, la antigua Rue Henri Michelet de la colonia. En el número 17-bis vivió Albert Camus con su tío político, el carnicero Gustave Acault, a partir de 1930. Y dejó el barrio al casarse con su primera mujer, Simone Hié, en 1934, cuando tenía 22 años. Simone era morfinómana, con tendencias bipolares, libertina, mientras que Albert era tísico y un mujeriego infatigable: lo extraño es que siguieran juntos durante algo más de tres años. Tras romper, en 1937, Camus residió un tiempo cerca del parque Hydra, en los altos de Argel —«la casa delante del mundo», llamaba a su nueva vivienda, desde donde contemplaba la inmensidad del mar—, repartiendo sus amores entre jóvenes muchachas *pieds-noirs* como Maria Cardona y Christiane Galindo. Ya he contado que, en 1940, se estableció en Orán con quien sería su compañera por el resto de su vida, Francine Faure. No obstante, le advirtió en forma sutil que nunca podría serle fiel. Ella, que era miembro de una acomodada familia oranesa de *pieds-noirs*, lo presentó así a los suyos: «*Es tuberculoso, no tiene dinero, carece de oficio, no se ha divorciado todavía y ama la libertad.*» Y la madre de Francine les prestó un piso en la Rue D'Arzew, vecino del que ella ocupaba.

Francine aceptó casarse con él cuando se consumó legalmente la separación de Simone y sufrió durante los años siguientes profundas depresiones, pues a pesar de que Camus lograría casi de inmediato convertirse en un excelente periodista y, muy pronto, en un escritor famoso y rico, cumplió sobradamente su palabra en cuanto a la libertad..., en particular la libertad sexual, sin ocultarse nunca, en tanto que ella le fue siempre fiel. El escritor tuvo numerosas amantes, entre ellas la actriz española María Casares, hija de Santiago Casares Quiroga, ex presidente del Consejo de Ministros de la Segunda República Española entre mayo y julio de 1936. Casares Quiroga, exiliado con toda su familia en París desde 1939, murió en 1950, y

María, que llegó con 17 años a la ciudad y con escaso dominio del francés, acabó por convertirse en una de las principales estrellas del escenario parisino, interpretando varias obras de Camus. El escritor y la actriz fueron amantes desde 1943 a 1960, el año de la muerte de Albert. El futuro Premio Nobel manifestó siempre el más radical antifranquismo y dimitió de la Unesco en 1952 cuando España fue admitida en la organización. Siempre defendió con ardor la causa de los republicanos en el exilio. Escribió en cierta ocasión: *«Fue en España donde mi generación aprendió que uno puede tener razón y ser derrotado, golpeado; que la fuerza puede destruir el alma y que, a veces, el coraje no tiene recompensa.»* Tituló «Lo que yo debo a España» su conferencia pronunciada ante los republicanos españoles, que le homenajeaban por su Premio Nobel. Y dijo entre otras cosas: *«La España del exilio me ha mostrado con frecuencia una gratitud desproporcionada. Los exiliados españoles han combatido durante años y luego han aceptado con coraje el dolor interminable del exilio. Yo solo he escrito que tenían razón. Y solo por eso he recibido durante años, y todavía percibo esta tarde en sus miradas, la fiel y leal amistad española, que me ha ayudado a vivir. Esta amistad, aunque sea inmerecida, es el orgullo de mi vida.»*

Camus apreciaba en extremo llevar en sus venas sangre española. En una ocasión, estando en Italia, declaró: *«Algún día habrá de caer la estúpida frontera que separa nuestros dos territorios (Francia e Italia) que, junto con España, forman una nación.»*

En su libro *Albert Camus, exaltación de España*, Javier Figuero explica con detalle la relación del escritor francés con nuestro país.

* * *

Pensaba en Camus mientras caminaba, pensaba en que hay vidas que corren como el viento y otras muy lentas, como viejos tranvías. La del escritor fue corta, tersa, veloz, plena de acontecimientos que exigían compromiso y valentía. La muerte de su padre en la Gran Guerra marcó su infancia con la miseria, en la Segunda Guerra Mundial no fue aceptado para luchar junto a De Gaulle a causa de su tuberculosis, vivió el conflicto de Argelia como un drama personal, no aceptado por ninguno de los dos bandos; luego la ocupación nazi de Francia, la Resistencia, el debate intelectual en el que fue tachado por los pensadores «progresistas» —su viejo amigo Sartre, entre otros— de «esteticista», y la soledad en su rechazo de cualquier forma de asesinato, por más que fuera cometido en nombre de la justicia... Le gustaba recitar un verso de Shakespeare: «*Todos los locos de esta era que, muriendo por el bien, han vivido en el crimen.*»

Sartre tuvo respuestas para casi todo, mientras que Camus escogió las preguntas, quizá porque no había respuestas suficientes para tanto enigma humano e histórico como planteaba el tiempo en que le tocó vivir. Y mantuvo, sobre todo, actitudes: «*Yo me rebelo, luego somos*», proclamó en *El hombre rebelde*. Falleció con 46 años, todavía en plena juventud, aunque cercano ya a la madurez, quizá por decisión de los dioses paganos sobre los que le gustaba escribir, aquellos que decidieron que los héroes deben morir jóvenes.

* * *

La antigua Rue de Michelet, a media tarde, rebosaba de gente. El luminoso día, acariciado por el aire invernal mediterráneo, suave y templado aquel martes de febrero, alegraba el ánimo. La calle corría ancha y larga y el tráfico resultaba agobiador. Como en la gran mayoría de las ciudades africanas y en no pocas de Asia, los automovilistas circulaban con furor, sin cesar de hacer sonar sus bocinas, gritándose de coche a coche ante guardias de tráfico indiferentes, respetando leyes no escritas en ningún manual de circulación urbana, como en primer lugar la de que los semáforos están hechos para saltárselos y que, ante un paso de cebra, la preferencia es siempre del automóvil.

Pero las aceras eran muy amplias, sombreadas por hileras de árboles, en su mayoría ficus de espesas copas y troncos torturados. Había numerosos pequeños comercios, restaurantes y varias terrazas en donde los estudiantes de la cercana universidad tomaban té o cerveza, principalmente en el Bar des Facultés. El olor a gasoil que despedían los vehículos y el que ascendía desde las alcantarillas se mezclaban con un leve aroma de flores escondidas que me recordaba lejanamente al de los geranios.

Paseé, dejándome impregnar por los olores y el alma de la ciudad. El sol comenzaba a ponerse y nubecillas de tonos rosáceos rasgaban el desvaído azul del cielo. En la plaza de la Poste vendían libros usados, simplemente expuestos en el suelo. La mayor parte eran textos sobre marxismo y revolución: *El modo de producción búlgara*, *La vía tanzana al socialismo*, *África en armas*, *Bakunin Marx: luces y sombras*... También había novelas de Jean Larteguy, entre ellas varios ejemplares de *Les chimères noires*.

Caminar solo, sin mi protector a las espaldas, me hacía sentirme pleno de libertad. Pocas cosas son tan gratificantes como la soledad, siempre que seas tú quien la ha elegido. En Argel, ya he dicho, no había turismo en esos días, con la resaca de la guerra feroz entre los islamistas y el ejército todavía en el recuerdo. Mi aspecto, además, tiene poca definición étnica: no soy rubio ni moreno de pelo y piel, mis ojos tienen un indefinido color castaño, no soy alto pero tampoco bajo en exceso, y mis rasgos faciales no revelan algo en especial. Puedo pasar por egipcio, sirio, libanés, turco, griego, suizo, italiano, francés, portugués... y por supuesto, argelino. Aquella tarde, sin cámara de fotos colgada del hombro, era un anónimo ciudadano más en la urbe magrebí.

Siempre me ha gustado sentirme extranjero.

Pensé que Argel es una magnífica ciudad: deteriorada, castigada por el tiempo; pero al mismo tiempo colosal, firme como una roca capaz de resistir el Apocalipsis.

Cuando llegué al hotel, agonizaba la tarde y Houari esperaba sentado en el portal. Me sonrió y se puso en pie. Y me mostró lo que había comprado: un diccionario de español-francés.

—*C'est pour ma petite fille*, Manal... Quiero aprenda palabras de español.

—¿Y tus otros hijos?

Encogió los hombros:

—Para ellos..., tarde ya.

Desistí de explicarle que los idiomas no se aprenden solo con un diccionario.

* * *

La Casbah, la ciudad vieja, se eleva sobre las faldas y las laderas de una empinada colina en el lado norte de la plaza de los Mártires. Sus calles son estrechas y de altas escalinatas o pronunciadas pendientes de tierra o adoquines; sin vías laberínticas, cercadas por viejos edificios fabricados con adobe o ladrillo, que se abren en ocasiones a plazuelas en donde hay mercadillos y pequeñas mezquitas. Junto con el extenso barrio de Bab El-Oued, que comienza un poco más allá de la plaza de los Mártires, siguiendo la línea del mar hacia el este, la Casbah es una de las zonas más pobres de Argel.

Durante la guerra de la independencia, la Casbah se constituyó en el foco más ardiente de resistencia a los franceses, como bien relata Gillo Pontecorvo en su memorable película de 1965, *La batalla de Argel*, ganadora del León de Oro de la Mostra de Venecia del año siguiente. A ningún *pied-noir* se le ocurría asomarse allí. Y lo mismo sucedió en la «década negra»: los fundamentalistas islámicos encontraron en el barrio su principal refugio en la ciudad. Los policías que patrullaban el área se exponían a ser degollados en ataques sorpresivos y fulminantes o, en forma más sencilla, perecían con el cráneo aplastado por un pedrusco lanzado desde una azotea.

Yo quería visitarlo y ahora, en apariencia, era un lugar tranquilo. Así que, a la mañana siguiente, me dirigí seguido por Houari, que cargaba con la bolsa de mi cámara de fotos, hacia la plaza de los Mártires.

Mi protector-porteador no las tenía todas

consigo. Movía la cabeza hacia los lados mientras caminábamos por los soportales de Bab-Azzouh y musitaba de cuando en cuando:

—*Casbah, Casbah..., hummm..., terroristes, terrortistes...*

* * *

Me acordé de un texto de Kapuscinski de su libro *Viajes con Herodoto*:

«*Argel es, sobre todo, una ciudad en donde conviven dos culturas: la cristiana y la árabe. Quien la visita o habita no cesa de percibir la frontera que divide estos dos espacios... Su parte árabe de llama Casbah y se accede a ella subiendo las decenas de peldaños de una escalera de piedra. Sin embargo, no son los escalones el problema, sino la otredad que percibimos cada vez más claramente a medida que nos adentramos en sus más recónditos rincones. ¿No será que intentamos pasar por allí lo más deprisa posible para librarnos de esa molesta e incómoda situación que se crea cuando, al caminar, divisamos decenas de inmóviles pares de ojos que se clavan en nosotros desde todas partes y nos acompañan con su inquisitiva atención... Cuando por fin salgamos de la*

Casbah y nos encontremos en un barrio francés, no necesariamente daremos un suspiro de alivio, pero seguro que nos sentiremos mejor, más livianos y cómodos, más a nuestras anchas. ¿Por qué no hay remedio alguno para ello desde hace miles de años y a lo largo y ancho del mundo?»

Y añade el escritor-periodista polaco:

«*Vi Argel como uno de los lugares del mundo más fascinantes y trágicos. En la pequeña superficie de esta bella ciudad se cruzaban dos grandes conflictos del mundo contemporáneo: el primero, entre el cristianismo y el islam; y el segundo, en el seno propio del islam, entre una corriente abierta de diálogo, mediterránea, diría yo, y esa otra cerrada, nacida del sentimiento de incertidumbre e inseguridad en el mundo contemporáneo, una corriente de fundamentalistas que sacaban partido de la técnica moderna y que comprendían la defensa de la fe y de la tradición como condición de su propia existencia y de su identidad, la única que poseían.*»

En el seno de ese conflicto nació y creció Albert Camus. Y en el seno del mismo conflicto está ahora mismo creciendo el mundo de hoy.

* * *

Yo ya había percibido esas sensaciones y ahora, al contemplar las escalinatas y las empinadas calles de la Casbah desde abajo, desde la plaza de los Mártires, resultaba casi disuasorio entrar en ellas. Viéndome dudar, Houari se encogió de hombros con gesto fatalista, tratando de indicarme que lo mejor era largarnos de allí.

—Podemos ir a playa a bañarnos —dijo mientras señalaba al cielo sin nubes—. Bueno día, bueno...

—Un taxi, le ordené.

Me miró intrigado.

—¿Taxi?

—Sí: un taxi que nos lleve arriba.

Señalé a las alturas del barrio. Y luego, con los dedos índice y corazón, realicé la mímica de una caminata cuesta abajo. Houari me entendió de inmediato y su gesto se tornó triste.

—*Reste ici, si tu veux** —añadí.

Sus ojos se abrieron como platos, compuso un gesto de coraje y negó rotundo con la cabeza. Parecía dispuesto a jugarse la vida por mí.

* * *

* «Quédate aquí si quieres.»

— 147 —

Por el equivalente a dos euros, el taxi nos dejó en una plaza cercana a una antigua fortaleza medio derruida. El lugar resultaba espléndido: toda la ciudad a mis pies, el mar añil surcado por ondas blanquecinas, un sol fogoso insuflando vida al mundo, un aire refrescante que subía desde las casas de las faldas de la colina teñido de olor a especias y a basuras...

Comenzamos el descenso, sin prisas. Saqué mi cámara de la bolsa y empecé a hacer fotografías. Houari estaba muy tenso, mirando vigilante hacia los lados. Pero la gente me sonreía y muchos se dejaban retratar con gusto. Había numerosos policías bien armados, de aspecto feroz, en los cruces de las callejas y en las plazas.

—Pero ¿qué hace un turista en Argel? —me preguntó sonriente un viejo en excelente francés.

Descendíamos por estrechos callejones en donde olía a orines y a heces de caballerías. Las puertas de las viviendas eran muy bajas y los ventanucos apenas llegaban a los dos palmos de anchura y altura. A veces, un postigo se abría, asomaba el rostro de un hombre o una mujer, que me echaba una rápida mirada, y volvía a cerrarse. De algunas casas brotaban los trinos alegres de aves canoras y desde las azoteas llegaba en ocasiones el zureo de las palomas.

En muchas esquinas, grupos de niños me ofrecían bolsas de pimentón. Borricos cargados con enormes fardos trepaban fatigados las empinadas vías carentes de asfalto. El zoco, a media ladera de la Casbah, era un lugar animado. Olía a hierbabuena y había numerosas casas de té, peluquerías, establecimientos de zapateros remendones, tenderetes con frutas y verduras, carnicerías con cabezas de cabras y de ovejas recién amputadas y colocadas en fila mirando con ojos yertos a los transeúntes, olorosas pescaderías bien nutridas, perfumerías con aromas de pachulí...

La mayoría de los vendedores vestía ropas islámicas y se adornaba el rostro con la barba bien cortada. Houari movía la cabeza, murmuraba, no quitaba ojo a nadie...

Pero alcanzamos indemnes la plaza de los Mártires. Y mi ángel de la guarda volvió a sonreír.

* * *

La Casbah, para los argelinos, es mucho más que el viejo barrio histórico; es todo un símbolo del orgullo nacional, pues se trata del lugar en donde se formó el núcleo de la resistencia durante la llamada batalla de Argel, escenario principal de la terrible guerra de la independencia, librada entre 1954 y 1962.

Aquella no fue una guerra limpia, suponiendo que la guerra tenga algo de aseada. Más que una lid a campo abierto, se trató de una lucha de guerrillas entre el ejército francés y el Frente de Liberación Nacional argelino (FLN). Hubo un tercer contendiente que apoyaba en la sombra a los franceses, la OAS (Organización del Ejército Secreto), formada por militares profesionales y *pieds-noirs* armados por Francia. El ejército aplicó sistemáticamente las torturas, la OAS asesinó a numerosos civiles y el FLN respondió matando a miles de colonos y colaboracionistas argelinos. Fue una lucha descarnada. Pongo un ejemplo: cuando un colaboracionista era descubierto por el FLN, se escogía como ejecutor a un pariente próximo, preferentemente el padre o un hermano del «traidor». En cuanto a los métodos de represión ideados por el ejército francés, sirvieron de modelo a la Junta Militar que aplicó la política de los desaparecidos y sembró de cadáveres Argentina entre 1976 y 1983. Se calcula que murieron 33.000 franceses en el conflicto y un número muy superior, y no calculado todavía, de argelinos. Más de un millón de colonos emigraron del país y Francia estuvo unos días al borde de la guerra civil, cuando un grupo de militares trató de derrocar a Charles de Gaulle, en buena parte responsable de la independencia argelina tras los acuerdos de Evian de 1962.

Cuando Francia ocupó la geografía del actual país, en 1830, encontró resistencia entre algunos líderes locales, como Abdel Kader, pero en sus territorios no existía lo que podría llamarse una «conciencia nacional». No obstante, el descontento comenzó pronto a extenderse entre las poblaciones «indígenas», ya que los nuevos colonos ocupaban impunemente sus tierras sin entregar nada a cambio, al tiempo que sus derechos distaban mucho de equipararse a los de los europeos llegados del otro lado del mar.

Miles de argelinos «indígenas» fueron movilizados durante la Segunda Guerra Mundial por el ejército creado en las colonias africanas por Charles de Gaulle, y no pocos murieron en los campos de batalla. Al concluir la contienda, miles de combatientes «indígenas» condecorados en el conflicto obtuvieron la nacionalidad francesa. A ellos se unieron otros miles que habían logrado títulos de bachillerato y universitarios en centros de enseñanza franceses. La cifra total de nacionalizados superó los sesenta mil. Pero la mayoría de la población «indígena» siguió sometida a leyes injustas y con derechos muy inferiores a los que disfrutaban los colonos *pieds-noirs*.

Fue en esos días de la Segunda Guerra Mundial cuando comenzaron a crearse las formaciones independentistas y Messali Hadji, jefe del Partido del Pueblo Argelino (PPA), emergió como principal dirigente y como una figura histórica destinada a liderar el camino hacia la independencia. Antiguo miembro del Partido Comunista Francés, radical independentista desde muy joven y devoto de las ideas de Rousseau que impregnaban el espíritu de la Revolución francesa, fue encarcelado en numerosas ocasiones por las autoridades coloniales.

Pero al comienzo de la Segunda Guerra Mundial, animó a los argelinos a unirse a la lucha contra el gobierno de Vichy del mariscal Pétain y a apoyar a De Gaulle, juzgando que el fin de la contienda supondría el fin del colonialismo europeo. Se equivocó: durante los meses anteriores a la conclusión la guerra, cuando los ejércitos aliados marchaban imparables por Europa, Hadji fue de nuevo detenido y confinado en arresto domiciliario.

El 8 de mayo de 1945 es una fecha histórica para Europa: el fin de la Segunda Guerra Mundial en los campos de batalla del continente. Y también lo es para los argelinos, aunque por otra razón: la matanza de Sétif.

Ese día, los franceses celebraban la victoria aliada en todas sus ciudades y en lo que, por aquellos días, constituía su imperio colonial. Numerosos desfiles conmemorativos del triunfo se habían organizado en territorio argelino y, para aprovechar el evento, las formaciones independentistas decidieron manifestarse exigiendo la libertad de Hadji.

En Sétif, en el oriente del país, 10.000 argelinos marchaban esa mañana pacíficamente mientras una tropa francesa desfilaba no muy lejos. Un joven manifestante ondeó una bandera francesa. Y un policía disparó y le mató. De inmediato, la multitud árabe se amotinó, y los policías y los colonos europeos se enfrentaron en la calle con los musulmanes. En pocas horas, murieron 28 europeos y cerca de 40 árabes. El ejército no intervino, dejando el asunto en manos de la policía.

Pero la rebelión se extendió por toda la región de Sétif, a localidades como Guelma y Kherrata y a pequeñas granjas aisladas de colonos, en las que las mujeres eran violadas y luego degolladas junto con sus esposos y sus hijos. El ejército intervino, con bombardeos de aviación y artillería y, casi durante dos semanas, se sucedieron las masacres en las pequeñas poblaciones del área. El número de muertos nunca se supo con exactitud: mientras los franceses cifraron las víctimas mortales en algo más de 1.000, en medios musulmanes se habló de 40.000. Las estimaciones más veraces calculan que pudo haber entre 8.000 y 15.000, la gran mayoría argelinos, junto a unos cientos de europeos.

Para algunos historiadores, la guerra de la independencia comenzó en Sétif el 8 de mayo de 1945 y no el 1 de noviembre de 1954, con los primeros atentados de bomba en las principales ciudades argelinas.

Por aquellos días, Albert Camus escribía en *Combat*, un periódico surgido en la clandestina Resistencia francesa frente a los nazis, del que el escritor era director desde 1943. Y publicó una serie de artículos que tituló «Miseria en la Cabilia», en los que denunciaba la situación de injusticia y pobreza en que vivían los argelinos. En esos artículos se trazaba la línea principal de la que acabaría por ser, tras el estallido de la guerra de la independencia en 1954, la propuesta del escritor para una «tregua civil» entre las dos comunidades, basada en la libertad y la igualdad de derechos de árabes y colonos bajo el paraguas protector de la Francia democrática. Su propuesta fracasó ante la oposición de uno y otro bando, argelinos y franceses, y Camus se quedó solo.

La soledad suele ser el territorio del destierro para el hombre verdaderamente libre.

* * *

En el verano de 1956, el FLN escogió la Casbah de Argel como el lugar en donde habría de instalar su cuartel general clandestino. Y allí se libró la batalla más cruenta de toda la guerra, la llamada batalla de Argel. Durante seis años, el ejército francés entraba y salía del viejo barrio, llevándose centenares de prisioneros, a los que torturaría y en muchos casos ejecutaría y haría desaparecer, pero sin capacidad para ocuparlo. Hasta las mujeres y los niños luchaban contra los soldados. Durante el tiempo que duró la resistencia de la Casbah, hubo más de 20.000 detenidos y cerca de 3.000 desaparecidos.

La épica de aquella lucha se refleja en la citada película de Gillo Pontecorvo, un duro alegato contra el colonialismo y, al mismo tiempo, una ficción rodada con técnicas de reportaje, sin duda una audacia poco común en el cine de aquel tiempo. El film, estrenado en 1965, estuvo prohibido en Francia hasta 1971 y las escenas de torturas de los prisioneros argelinos por parte de los militares franceses resultan atroces. El general Massau, un militar ultraderechista que ostentaba el mando supremo de las fuerzas francesas en Argelia y que fue cesado tras su intento de golpe de Estado contra el general De Gaulle en 1960, salió al paso de las graves acusaciones que le implicaban en las torturas, justificándolas como «*cruedad necesaria*» y afirmando: «*No me gusta la palabra tortura, pero en la mayoría de los casos los militares franceses se vieron obligados a utilizarla para vencer al terrorismo y nuestros métodos resultaron infantiles comparados con los que practicaron los rebeldes argeli-*

nos. Permanecimos dentro de la ley del ojo por ojo, diente por diente.»

La guerra de Argelia supuso, en Francia, el fin de la IV República en el año 1958, con el ascenso de Charles de Gaulle al poder, quien fundó la V República. En 1960, los militares de Argelia, con Massau a la cabeza, intentaron un golpe de Estado contra De Gaulle y el país estuvo al borde de la guerra civil. Pero el presidente De Gaulle ganó la partida y Massau y sus compañeros de armas fueron cesados. En 1962, París acordó la independencia con los líderes del FLN.

En plena guerra, en enero de 1956, Albert Camus, que vivía en París y era ya un escritor famoso además de reputado periodista, viajó a Argelia y, en una comparecencia pública, promovió la idea de pactar una «tregua civil» entre los contendientes. Fue abucheado por cientos de *pieds-noirs* que rodeaban el local. Camus afirmaba el derecho de los árabes a la igualdad ante la ley y la justicia, al tiempo que afirmaba el derecho de los colonos a considerar Argelia como su patria y a no ser vistos por los árabes como extranjeros. Y pedía un acuerdo entre el ejército y los rebeldes que respetase la vida de los civiles, erradicando la tortura de los militares franceses y los atentados terroristas de los militantes del FLN. Entre protestas ruidosas de muchos de los asistentes al acto, Camus concluyó: *«Debemos abordar nuestra tarea* (el diálogo hacia la tregua civil) *con decisión, para merecer vivir un día como hombres libres, es decir, como hombres que rechazan a la vez ejercer el terror y padecerlo.»*

Camus regresó a París frustrado.

* * *

Pero la soledad de Camus había comenzado ya antes del inicio de la guerra en Argelia. En 1935 había ingresado en el Partido Comunista, para darse de baja dos años después. En 1942, con la publicación de *El extranjero*, había recibido numerosos elogios, en particular de Jean-Paul Sartre, de quien se convertiría pronto en gran amigo. Se instaló en París al año siguiente y las puertas de la intelectualidad progresista francesa se le abrieron de par en par. No obstante, él nunca se sintió relajado en aquel ambiente de grandes figuras del pensamiento. *«En los círculos intelectuales* —escribió—, *no sé por qué, siempre tengo la impresión de que tengo que pe-*

dir perdón por algo. *No puedo evitar la sensación de haber transgredido alguna de las reglas del clan. Naturalmente, eso me impide ser espontáneo y, a falta de espontaneidad, me aburro hasta de mí mismo.*» Y ciertamente, los intelectuales, por su parte, nunca le perdonaron afirmaciones como esta: «*Algunos de nosotros no soportamos que se hable de la desdicha si no es con conocimiento de causa.*» Siempre señaló que él había aprendido todo lo que sabía sobre la miseria durante su infancia y no en la Sorbona.

En los años de la posguerra, en pleno estalinismo, fue adoptando una posición cada vez más crítica frente al terror y, sobre todo, frente los campos de concentración soviéticos del programa Gulag. A comienzos de los años cincuenta, en plena guerra fría, ya era considerado por los círculos próximos al Partido Comunista como una suerte de anarquista diletante y romántico. Los intelectuales de la izquierda europeos miraban para otro lado cuando se hablaba del programa Gulag y consideraban que atacar a Stalin era alinearse con las posiciones de la burguesía. Y en ese momento, en octubre de 1951, Camus publicó: *El hombre rebelde*, un alegato contra todo totalitarismo, contra el asesinato político, contra la divinización de las leyes de la historia y contra el «socialismo cesáreo» encarnado por los dictadores de Moscú y sus países satélites: «*Uno no puede ponerse al lado de quienes hacen la Historia* —decía—, *sino de quienes la padecen.*» Y añadía: «*Cada vez que un hombre en el mundo es encadenado, nosotros estamos encadenados con él. La libertad debe ser para todos o para nadie.*»

Y su discurso creaba un verdadero escándalo entre las mentes más respetadas de la progresía cuando ponía en cuestión, en su trabajo «Un estilo de vida», las tesis de uno de los más venerados filósofos del pensamiento premarxista: «*Cuando se cree, como Hegel y toda la filosofía moderna, que la historia hace al hombre y no que el hombre hace la historia, no es posible confiar en el diálogo. Se confía en la eficacia y en la voluntad de poder, es decir, en el silencio y en la mentira. En última instancia, se cree en el asesinato.*»

Sartre, su amigo entonces, dirigía *Les Temps Modernes*, una revista de la izquierda no comunista que, en esos días, iba acercándose más y más a las tesis del comunismo francés, de carácter fuertemente estalinista. Hasta mayo del año 1952, Sartre no se decidió a publicar la reseña del libro. Y cuando lo hizo, se la encargó a un colaborador, Francis Jenason, que criticó con dureza el trabajo de Camus.

Camus respondió con una carta dirigida directamente a Sartre, que la propia revista publicó, en la que insistía en su idea de que, en nombre de un proyecto de libertad y justicia, no se pueden justificar ni utilizar la represión y una política de campos de concentración. Y Sartre, ofendido, le contestó a su vez con otra carta en la que, entre otras cosas, decía: «*Usted condena al proletariado europeo porque no condena a los sóviets; y también condena a los gobiernos de Europa porque admitirán a España en la Unesco. Solo veo una solución para usted: irse a las Galápagos.*»

La amistad entre los dos hombres terminó y la izquierda anatematizó a Camus. Pero el escritor no rindió sus armas y siguió clamando contra toda injusticia, viniera de donde viniese. «*Me decían* —escribió— *que eran necesarios unos cuantos muertos para llegar a un mundo donde no se matará.*» Y señalaba: «*Siento aversión por esos servidores de la justicia que piensan* que, únicamente, podemos prestarle un servicio a la justicia entregando varias generaciones a la injusticia.»

Y en esa misma línea, en plena guerra de Argelia, cuando la izquierda de su país apoyaba los métodos de lucha de los rebeldes, clamó contra el terrorismo árabe, al tiempo que condenaba a los torturadores franceses. «*En general* —escribió en 1958—, *en nombre del honor francés, en la derecha se ha confirmado lo que es más contrario a ese honor. En la izquierda, en general, y en nombre de la justicia, se ha excusado lo que es un insulto contra toda justicia verdadera... Por desgracia, una parte de nuestra opinión piensa oscuramente que los árabes han adquirido el derecho a degollar, mientras que otra parte acepta legitimar todos los excesos.*» Y añadía: «*Cuando la violencia responde a la violencia en un delirio que se exaspera y vuelve imposible el simple lenguaje razonado, el papel de los intelectuales no puede ser, como se lee a diario, disculpar desde la lejanía una de las violencias y condenar a la otra, pues ello tiene el doble efecto de indignar hasta la furia al violento condenado y alentar una mayor violencia en el violento declarado inocente.*»

En la Universidad de Upsala, el día después de la concesión del Premio Nobel, un miembro del FLN argelino se enfrentó a sus tesis. Y Camus pronunció una famosa frase, quizá la más famosa de todas las suyas, que los nacionalistas argelinos y toda la izquierda francesa repudiaron con virulencia: «*En estos momentos están poniendo bombas en los tranvías de Argel. Mi madre puede estar en uno de esos tranvías. Si eso es justicia, prefiero a mi madre.*»

Solo, pues... y «en las Galápagos», como dijo Sartre. Pero, unos años después, nuevos intelectuales, como Hannah Arendt, que llamó a Camus «el mejor hombre de Francia», se sumaron a sus tesis. Y varios partidos comunistas occidentales se alejaron del estalinismo, condenando sus crímenes. La propia URSS acabó repudiándolos antes de la perestroika.

Y hubo más en los años siguientes. Desde el año 2000, en Argelia comenzaron a señalarle como un autor argelino. «Parte de nuestro patrimonio...», «redescubrimiento cultural...», fueron algunas de las expresiones en recuerdo de Camus. Y en el verano de 2006 se celebró un pequeño congreso en su homenaje que concluyó con la representación de su drama *Los justos*.

Naturalmente, hubo voces que se alzaron en su contra y el periódico *Tribune* lo tachó de escritor colonialista. Pero Abdelaziz Bouteflika, presidente del país desde 1999 y uno de los fundadores históricos del FLN, intervino con una desconcertante opinión: «*Cuando dijo que, entre la justicia y su madre, escogería a su madre, demostró ser un verdadero argelino.*»

* * *

Tras su polémica con Sartre, Camus vivió un periodo de cierta amargura, según sus biógrafos Todd y Lottman. Entre 1951 y 1959, dedicó más tiempo a reflexionar sobre los nuevos rumbos de su obra que a la creación, aunque publicó todavía dos libros, además de un ensayo junto con Koestler, y estrenó dos obras teatrales.

En 1957 recibió el Premio Nobel. Era el escritor más joven en obtenerlo después de Rudyard Kipling. Su gran rival literario, Jean-Paul Sartre, lo obtendría en 1964, aunque lo rechazó. En su discurso de aceptación del galardón dijo con modestia: «*Me considero un poco joven. Personalmente, yo habría votado a Malraux.*»

Albert Camus murió, con 46 años de edad, el 4 de enero de 1960, en un accidente de tráfico, instantáneamente, mientras viajaba a bordo de un coche conducido por su editor y amigo Michel Gallimard, que moriría en un hospital días después. La mujer de Gallimard, Janine, y su hija Anne, que viajaban en los asientos traseros del vehículo, resultaron ilesas.

El automóvil había salido el día 3 de Lourmarin, en donde Camus tenía una casa de campo, para recorrer en dos días los 755 kilómetros que les separaban de París. Cerca del pueblo de Villeblevin, veinticinco minutos antes de las dos de la tarde, el coche patinó y se salió de la carretera, estrellándose contra un árbol.

En la cartera de cuero del escritor, tirada en el barro, encontraron su pasaporte, algunas fotografías, el manuscrito inconcluso de *El primer hombre*, su diario y algunos libros, entre ellos *La gaya ciencia*, de Friedrich Nietzsche, el filósofo que más influyó, probablemente, en el pensamiento de Camus. «*Uno tiene que ser capaz de perderse algunas veces si quiere aprender algo de las cosas que no somos nosotros mismos*», había escrito el alemán en el libro que llevaba consigo el escritor francés. A Camus siempre le gustó un pensamiento sencillo de Nietzsche: *«El hombre tiene el deber de ser feliz.»*

En Argel, la madre de Albert Camus recibió la noticia la misma tarde de su muerte. Solo comentó: «Es demasiado joven.» Francine, la esposa, lo supo por la secretaria del escritor, Suzanne Agnely, aunque intuyó que algo grave pasaba cuando, al llegar a su casa parisina, después de recoger a sus dos hijos en el colegio, encontró en el portal a un nutrido grupo de periodistas. Ninguno se atrevió a informarle de nada, pero la secretaria le dijo por teléfono: «No abra a nadie, espere a que llegue.» Y Francine comentó: «¿Ha muerto Albert?» Suzanne dijo: «Ha tenido un accidente.» Francine añadió: «¿Vive todavía?» La respuesta fue escueta: «No.»

El primer hombre se publicó 34 años después de aquella aciaga jornada. Camus había dicho que, con la nueva novela, empezaba la etapa de un escritor distinto. Se trata, probablemente, del libro más esclarecedor sobre su personalidad y, sin duda, el más fieramente humano. Su amigo Jean Daniel dijo del texto: *«Como todos los grandes libros, en este se confunden el destino del autor, el destino del país y el destino del ser humano.»*

Sartre publicó en la revista *France-Observateur*, tres días después de la muerte de Camus, una generosa oración fúnebre en recuerdo de su adversario intelectual, en donde calificaba su humanismo como «*testarudo, estricto y puro, austero y sensual*». Su elogio fue más lejos al decir: «*Representaba, en este siglo y contra la historia, al heredero actual de esa larga estirpe de moralistas cuyas obras tal vez constituyan lo más original de las letras francesas.*»

* * *

Fui a comer con Houari en el Front de Mer el día anterior a mi partida. Desde allí, mi protector tomaría un taxi colectivo de vuelta a Orán. Le pagué los 200 euros prometidos por sus servicios y un generoso puñado de dinares para el transporte y la comida de su viaje de regreso. Llevaba la misma ropa que trajo puesta el primer día y, como único equipaje, la pequeña bolsa de plástico en donde guardaba el diccionario de francés-español para su hija menor. Me abrazó fuerte, con afecto, y se subió al coche, un viejo Renault de color azul, precisado de un repaso de chapa y un lavado a fondo. Siguió sonriéndome desde el otro lado del cristal de la ventanilla, con su rostro de asesino implacable, hasta que el coche arrancó.

La mañana de mi partida, a primera hora, el sol asomó desde la espalda del mar, a ras de agua, furioso, soberbio, o como lo llamó Camus: «*invencible*»..., disolviendo los contornos de la tierra, convirtiendo en figuras fantasmales a los hombres y mujeres que marchaban por las tumultuosas calles de Belcourt, el barrio que vio crecer al escritor y modeló su carácter, mientras mi taxi me llevaba camino del aeropuerto.

Argelia-Madrid-Valsaín, 2013

Bibliografía

He utilizado, para los libros de Albert Camus, la edición de sus obras completas de Alianza Editorial de 1996, una edición dirigida con esmero y excelente criterio por José María Guelbenzu. Otro textos consultados para mi trabajo son los que siguen:

Braudel, Fernand, *Memorias del Mediterráneo*, Cátedra, Madrid, 1997.
Camus, Catherine, *Albert Camus, solitario y solidario*, Plataforma Editorial, Barcelona, 2012.
Chabot, Jacques, *Albert Camus, la pensée de midi*, Édisud, Aix-en-Provence, 2002.
Daniel, Jean, *Camus. A contracorriente*, Galaxia Gutenberg, Barcelona, 2006.

Fernández Álvarez, Manuel, *Cervantes visto por un historiador*, Espasa & Calpe, Madrid, 2005.

Figuero, Javier, *Albert Camus, exaltación de España*, Planeta, Barcelona, 2007.

Kapuscinski, Ryszard, *Viajes con Herodoto*, Anagrama, Barcelona, 2004.

Lenzini, José, *Les derniers jours de la vie d'Albert Camus*, Bsarzakh, Argel, 2009.

López de Gomara, Francisco, *Historia de los Barbarrojas de Argel*, Algazara, Málaga, 2002.

Lottman, Herbert, *Albert Camus*, Taurus, Madrid, 1994.

Martínez, Luis, *La guerre civile en Algerie*, Marsa, Argel, 1998.

Mokhtari, Rachid, *La Graphie de l'horreur*, Chihab Éditions, Argel, 2002.

Rey, Pierre-Louis, *Camus. L'homme revolté*, Gallimard, París, 2006.

Sola, Emilio, *Los que van y vienen*, Universidad de Alcalá de Henares, Madrid, 2005.

Todd, Olivier, *Albert Camus, una vida*, Tusquets, Barcelona, 1997.

Zweig, Stefan, *Pays, villes, paysages*, Le Livre de Poche, Belfond, 1966.

Índice

Una brevísima explicación 11
1. Rumbo al mal 13
2. Rumbo a la luz 89
Bibliografía 169